礼

中华民族优秀传统文化故事读本

赵 伟 ◎ 编著

立天之道，曰阴与阳；立地之道，曰柔与刚；立人之道，曰仁与义……

礼者，所以行之而备其条理；智者，所以知之；信者，所以守之……而所行、所知、所守，则仿不外乎仁义……

中国农业科学技术出版社

图书在版编目（CIP）数据

中华民族优秀传统文化故事读本．礼／赵伟编著．—北京：中国农业科学技术出版社，2017.1（2021.9重印）
ISBN 978-7-5116-2669-1

Ⅰ．①中… Ⅱ．①赵… Ⅲ．①品德教育—中国—通俗读物 Ⅳ．①D648-49

中国版本图书馆CIP数据核字（2016）第162653号

责任编辑　穆玉红
责任校对　贾海霞

出　　版	中国农业科学技术出版社
	北京市中关村南大街12号　邮编：100081
电　　话	（010）82106626（编辑室）
	（010）82109702（发行部）　（010）82109709（读者服务部）
传　　真	（010）82106626
网　　址	http://www.castp.cn
经　　销	各地新华书店
印　　刷	北京富泰印刷有限责任公司
开　　本	710 mm×1000 mm　1/16
印　　张	5.75
字　　数	150千字
版　　次	2017年1月第1版　2021年9月第4次印刷
定　　价	28.00元

版权所有·翻印必究

编著编委会

主　　　任：赵　伟
副 主 任：董海霞　穆玉红
参与编写人员：董海霞　花　辉　刘　静　穆玉红　倪书刚　宋春艳　田苹苹
　　　　　　　王　梅　王培胜　武丽丽　熊联菊　许瑞丽　叶宏奇　赵　伟

前 言

国无德不兴,人无德不立。中华民族传统美德,经过了历代劳动人民的精神沉淀和提炼,植根于儒家理念基础,和天地有机有序结合,在顺应自然和人文发展规律的前提下,逐渐发展成为以"仁、义、礼、智、信"为最基本道德规范、民族特色鲜明的传统文化体系,其是人类进行物质生产活动和自身生存发展的客观要求,也是人们共同生活的基本的行为准则,它是人类社会道德关系的具有科学性的优秀遗产。

"仁、义、礼、智、信"是中国社会传统文化和思想体系建设宝库中极其珍贵的财产,是道德教育和行为规范的典范。在社会民众心理上,其有着无可替代的对于共同道德信念的权威感和归属感。虽然在漫长的封建统治过程中不可避免的为部分封建思想糟粕所渲染,但是经过提炼和甄选,其中绝大部分内容在当今社会仍具有普泛的意义和价值。当下,我们的传统文化体系和道德标准范畴不断被挑战和冲击,甚至有的媒体"娱乐至上",为了博人眼球不惜篡改历史、扭曲人物形象,在青少年群体中间造成了恶劣的影响。开放的中国需要自己的文化自信,树立道德标准和典范,也是当下时代所需要的一种文化导向和社会责任。

习近平总书记指出:"中华文明绵延数千年,有其独特的价值体系。中华优秀传统文化已经成为中华民族的基因,植根在中国人内心,潜移默化影响着中国人的思想方式和行为方式。今天,我们提倡和弘扬社会主义核心价值观,必须从中汲取丰富营养,否则就不会有生命力和影响力。""要利用好中华优秀传统文化蕴含的丰富的思想道德资源,使其成为涵养社会主义核心价值观的重要源泉。"

不忘根本才能开辟未来,善于继承才能更好创新。本书通过对以"仁、义、礼、智、信"为主线所凝聚的传统文化和故事进行创造性转化、创新性发展,以典型优秀品质为发散点,通过对相关的文化背景、基础知识进行串联普及、发掘、阐释和延伸,读故事,学礼仪,学知识、教化育人。在当代中国社会道德文明和核心价值观的建构过程中,借用"仁、义、礼、智、信"的形式,引导青少年树立和坚持正确的历史观、民族观、国家观、文化观,增强做中国人的骨气和底气。

目 录 | CONTENTS

文字溯源

- 女娲造人 /001
- 舜帝孝感动天 /003
- 孔子尊师 /005
- 曾子啮指痛心 /006
- 子路百里负米 /007
- 闵子骞芦衣顺母 /008
- 孟母断织教子 /009
- 周公握发吐哺 /010
- 齐桓公礼贤下士 /011
- 曾子避席 /012
- 负荆请罪 /013
- 张良圯桥进履 /015
- 汉文帝亲尝汤药 /016
- 汉明帝敬师 /017
- 蔡邕倒屣相迎 /018
- 缇萦救父 /019

- 孔融让梨 / 021
- 刘备三顾茅庐 / 022
- 赵孝争死 / 024
- 彼此尊重 / 025
- 千里送鹅毛,礼轻情意重 / 026
- 李勣焚须 / 027
- 公艺百忍 / 028
- 韩愈与叩齿庵 / 029
- 柳宗元失礼,书童补诗 / 030
- 程门立雪 / 032
- 欧阳修改句 / 033
- 朱寿昌弃官寻母 / 034
- 苏东坡识字 / 035
- 耶律楚材以礼治国 / 036
- 黄公望礼待同行 / 038
- 郑濂碎梨 / 039
- 礼让出来的六尺巷 / 040
- 纪晓岚知错就改 / 041
- 梁启超拜师 / 042
- 梁启超礼对张之洞 / 043
- 心平气和的刘铭传 / 044
- 孙中山最后的尊重 / 045

- 一、个人礼仪 /046
- 二、公共礼仪 /049
- 三、见面礼仪 /051
- 四、涉外礼仪 /053
- 五、文明上网礼仪 /054
- 六、接电话的礼仪 /056
- 日常生活礼貌细节 /058
- 礼字成语 /061

后记

文字溯源

我国素以文明古国、礼仪之邦著称于世,在五千年的历史演变过程中,不仅形成了一套宏大的礼仪思想和礼仪规范,而且其精髓深入人心,形成了完整的伦理道德、生活行为规范,进而内化为中华民族的自觉意识并贯穿于心理与行为活动之中。这个完整的伦理道德、生活行为规范就构成了一种文化,即礼仪文化。

中国礼仪在中国文化中起着"准法津"的作用。

早在春秋时期,孔子说:"不学礼无以立",告诉了人们礼是一个人的立身之本;荀子又说:"人无礼不生,事无礼不成,国无礼不宁",进一步告诫人们礼对做人、办事、治国的重要性。历经几千年,形成了一套完整的礼仪思想和规范。

近代著名教育家颜元(1635-1704)说:国尚礼则国昌,家尚礼则家大,身有礼则身修,心有礼则心泰。

礼是人际交往的礼貌,是个人和社会行为的文明习惯,它的实质是对他人的恭敬与谦让。学礼、习礼是一个文明人的基本素养,礼仪、礼貌是促进社会和谐的基本因素。

礼的产生、演化、发展,至今已几千年。

豊(甲古文)- 豊(金文体)- 禮(繁体字)- 禮(小篆体)- 礼

礼仪作为人际交往的重要行为规范,它不是随意凭空臆造的,也不是可有可无的。了解礼仪的在远古时代的起源和形成,有利于认识礼仪的本质,自觉地按照礼仪规范的要求进行社交活动。对于礼仪的起源,研究者们说法不一。归纳起来有五种起源说:一是天神生礼仪;二是礼仪为天地人的统一体;三是礼仪产生于人的自然本性;四是礼仪为人性和环境矛盾的产物;五是礼仪生于理,起源于俗。

1. 天神生礼说

此种学说是人们还没有意识到礼仪的真正起源时的一种信仰学说,是对天神崇拜的反映,代表了人类图腾崇拜时期对原始礼仪的一种认识。《左传》有言"礼仪顺天，天之道也。"意思是说，礼仪是顺乎天意的，而顺乎天意的礼就合乎"天道"。这种学说虽然在科学方面缺乏考证，但却反应映了礼仪起源的某些历史现象。

2. 礼是天地人统一的体现说

此观点的兴起是在春秋以后，此种学说认为，天地与人既有制约关系和统一性，又具有高于人事的主宰性。把礼引进到人际关系中来讨论，比单纯的"天神生礼说"有了很大进步，但仍没有摆脱原始信仰，所以仍是不科学的。

3. 礼起源于人性说

这是儒家的创见，儒家学派把礼和人性结合起来，以为礼起源于人的天性。孔子以仁释礼，一方面把"礼"作为处理人际关系的总则，另一方面把"仁"当作"礼"的心理依据。克己以爱人，就是"仁"；用仁爱之心正确而恰当地处理好人际关系，就是"礼"。

4. 礼是人性和环境矛盾的产物

这一学说的目的，在于解决人和环境的矛盾。孔子"克己复礼"的观点，就是看到了人和环境的矛盾，而解决这种矛盾的方法是"克己"。人的好恶欲望如不加以节制，什么坏事都干得出来，于是圣人制礼，节制贪欲。

5. 礼生于理，起于俗说

这是对礼仪起源的更深入地探讨。理，是指事物的必然性的道理。人们为了正常生存和发展，根据面临的生存条件，制定出合乎人类生存发展必然性和道理的行为规范，就是"礼"。"礼"是理性认识的结果。事物的礼落到实处，使之与世故习俗相关，所以又有了礼起源于俗的说法。荀子说："礼以顺民心为本……顺人心者皆礼也。"从理和俗上说明礼的起源。

根据上述种种说法，可以认为，"礼"先于"仪"，有了"礼"这个道德规范，才用"仪"这种形式去表现。

"礼"与"仪"常常密不可分。礼仪与部落群居的形成过程同步产生，并随着社会组成形式和国家制度的变化而变化，随着人类社会生活的发展而逐步完善起来。

理性和民俗伴随着人类的发展产生了礼，似乎是更合乎逻辑，也更加科学的。在原始社会，猿类学会直立行走，毛发开始退化，于是在冬天这些原始的人类开始寻找取暖的简单衣物，也就是最开始的树叶，之所以选择树叶，大半原因是由秀遮羞，因为人们已经开始意识到，裸露的身体似乎不是那么自然，这也就是最初形态的礼,礼就由此产生。经过数百上千年的进化,人类的礼仪已经发展到很高深的地步,但它的产生无疑是伴随着人类文明一起产生的。

我们不难从人类的进化历程中总结出,礼仪的起源具有一定的目的性,用来维护人类行为的原则性的准则。远古时代的社会也同样存在着矛盾,正是由于协调人类社会矛盾的需要,礼仪应运而生。

礼仪同样是一种人类文化,与其他发展的事物无异同样经历了产生、发展、进化的过程。礼仪产生于远古,原为维持自然的"人伦秩序"。"明人伦"是孟子提出的以学校教育为目的,所谓"明人伦"就是"父子有亲,君臣有义,夫妇有别,长幼有序,朋友有信",后世也称为"五伦"。孟子着眼于处理好五种最基本的人际关系,其目的在于维护上下尊卑的社会秩序和道德观念,所以形成的礼仪也沿用至今。礼仪的产生,既给予了人类之间交往的准则,也应发展需要,创造出一种独特的文化,这种文化不断的进化,并影响着人们,不同时代有不同时代的礼仪,不同民族有不同民族的礼仪。

在历史的进程中,随着生产力的发展人们认识能力的提高,礼仪的形式和内容逐渐扩展到了各个领域,并在不断的继承过程中,去其糟粕、发扬光大,体现了人们的道德观念和交往准则,成为了人类文明进步的标志。

礼的表达方式具有维素群体关系的超语言作用,人们开始把礼推广到群体社会生活的各个方面,逐渐形成了礼的体制。中国早在三千年前,就出现了《周礼》《礼仪》《礼记》。《周礼》主要是制定制度,《礼仪》主要是规范行为准则,《礼记》则是对"礼"的各个方面进行说明。

中国古代有"五礼"之说,祭祀之事为吉礼,冠婚之事为嘉礼,宾客之事为宾礼,军旅之事为军礼,丧葬之事为凶礼。五礼的内容相当广泛,从反映人与天、地、鬼神关系的祭祀之礼,到体现人际关系的家族、亲友、君臣上下之间的交际之礼;从表现人生历程的冠、婚、丧、葬诸礼,到人与人之间在喜庆、灾祸、丧葬时表示的庆祝、凭吊、慰问、抚恤之礼,可以说是无所不包,充分反映了古代中华民族的尚礼精神。吉礼居五礼之手,它主要是对天神、地祇、人鬼的祭祀典礼。其主要内容可包括三个方面。第一是祭天神,即祀昊天上帝;祀日月星辰;祀司中、司命、风师、雨师等。第二是祭地祇,即祭社稷、五帝、五岳;祭山林川泽;祭四方百物等。第三是祭人鬼,主要为春夏秋冬享祭先王、先祖。凶礼是哀悯、吊唁、忧患之礼。它的主要内容有：以丧礼哀死亡，以荒礼哀区礼，以吊礼哀祸灾，以桧礼哀围败，以恤礼哀寇乱。其中，丧礼是对各种不同关系的人之死亡，通过规定时间的服丧过程来表达不同程度的北上；荒礼是对某一地区或某一国家受到饥馑疫疠的不幸遭遇，国王与群臣都采取减膳、停止娱乐等措施来表示同情；吊礼是对同盟国或挚遇有死丧或水火灾祸而进行吊唁慰问的一种礼节。这三种礼节各级贵族都可举行。桧礼是同盟国中某国被敌国侵犯，城乡残破，盟主国应会合诸国，筹集财货，偿其所失；恤礼是某国遭受外侮或内乱，其邻国应给予援助和支持。宾礼是接待宾客之礼。它主要包括朝、宗、觐、遇、会、同、问、视八项。军礼时师旅操演、征伐之礼，军礼主要有大师之礼、大均之礼、大田之礼、大役之礼、大封之礼。大师之礼是军队征伐的仪礼；大均之礼是王者和诸侯在均土地、征赋税时举行军事检阅，以安抚民众；大田之礼是天子的定期狩猎，以练习战阵，检阅军马；大役之礼是国家兴办的筑城邑、建宫殿、开河、造堤等大规模土木工程时的队伍检阅；大封之礼是勘定国与国，私家封地与封地间的疆界、树立界碑的一种活动。嘉礼是和人际关系，沟通、联络感情的礼仪。嘉礼的主要内容有饮食之礼、婚冠之礼、宾射之礼、燕之礼、赈幡之礼、贺庆之礼。

民俗界认为礼仪包括生、冠、婚、丧四种人生礼仪。实际上礼仪可分为政治与生活两大部类。政治类包括祭天、祭地、宗庙之祭，祭先师先圣、尊师乡饮酒礼、相见礼、军礼等。生活类礼仪的起源，按荀子的说法有"三本"即"天地生之本"，"先祖者类之本"，"君师者治之本"。在礼仪中，丧礼的产生最早。丧礼于死者是安抚其鬼魂，于生者则成为分长幼尊卑、尽孝正人伦的礼仪。在礼仪的建立与实施过程中，孕育出了中国的宗法制（见中国宗法）礼仪的本质是治人之道，是鬼神信仰的派生物。人们认为一切事物都有看不见的鬼神在操纵，履行礼仪即是向鬼神讨好求福。因此，礼仪起源于鬼神信仰，也是鬼神信仰的一种特殊体现形式。"三礼"（《仪礼》《礼记》《周礼》）的出现标志着礼仪发展的成熟阶段。宋代时，礼仪与封建伦理道德说教相融合，即礼仪与礼教相杂，成为实施礼教的得力工具之一。行礼为劝德服务，繁文缛节极尽其能。直到现代，礼仪才得到真正的改革，无论是国家政治生活的礼仪还是人民生活礼仪都改变成无鬼神论的新内容，从而成为现代文明礼仪。

现代社会中，随经济，文化，政治的发展，民族与民族，国家与国家之间的交流越来越多，这就要求人与人之间必须有一套适用于不同文化与民族交往的共同礼仪准则。于是，国际礼仪应运而生。我们不断发展学习国际礼仪，并将之应用于实践，且取得良好效果。

中国人的礼制精神是亲亲爱人，礼仪原则是自卑尊人。在与人交往时要放低姿态，谦恭待人、尊重他人，以赢得他人的尊重。如果地位高的人屈尊结交比他地位低的人会得到很好的社会效果，"若要好，大敬小"。并且敬人不仅是礼貌的姿态，或仅为礼仪性的表示，而是要有发自内心的对他人的尊重。如果没有发自内心的恭敬，礼节就成为了虚套，这就不符合传统的礼义标准。传统礼俗中诚敬谦让，和众修身的礼义原则在当代社会仍然值得提倡。当然现在我们对传统礼俗的继承是一个复杂问题，需认真辨析，择善而从。

◎ 女娲造人

天地开辟以后，天上有了太阳、月亮和星星，地上有了山川草木，甚至有了鸟兽虫鱼了，可是单单没有人类。这世间，无论怎样说，总不免显得有些荒凉寂寞。

不知道什么时候，出现了一个神通广大的女神，叫做女娲。据说，她一天当中能够变化七十次。有一天，大神女娲行走在这片莽莽榛榛的原野上，看看周围的景象，感到非常孤独。她觉得在这天地之间，应该添一点什么东西进去，让它生气蓬勃起来才好。

添一点什么东西进去呢？

走啊走啊，她走得有些疲倦了，偶然在一个池子旁边蹲下来。澄澈的池水照见了她的面容和身影；她笑，池水里的影子也向着她笑；她假装生气，池水里的影子也向着她生气。她忽然灵机一动："虽然，世间各种各样的生物都有了，可单单没有像自己一样的生物，那为什么不创造一种像自己一样的生物加入到世间呢？"

想着，她就顺手从池边掘起一团黄泥，掺和了水，在手里揉团着，揉团着，揉团成了第一个娃娃模样的小东西。

她把这个小东西放到地面上。说也奇怪，这个泥捏的小家伙，刚一接触地面，就活了起来，并且开口就喊：

"妈妈！"

接着一阵兴高采烈的跳跃和欢呼，表示他获得生命的欢乐。

女娲看着她亲手创造的这个聪明美丽的生物，又听见"妈妈"的喊声，不由得满心欢喜，眉开眼笑。

她给她心爱的孩子取了一个名字，叫做"人"。

人的身体虽然小，但据说因为是神创造的，相貌和举动也有些像神，和飞的鸟、爬的兽都不同。这样，看起来

衣食以厚民生，礼义以养其心 ——元·许衡

似乎有一种管理宇宙的非凡的气概。

女娲对于她的作品，感到很满意。于是，她又继续动手做她的工作，她用黄泥做了许多能说会走的可爱的小人儿。这些小人儿在她的周围跳跃欢呼，使她精神上有说不出的高兴和安慰。从此，她再也不感到孤独、寂寞了。

她工作着，工作着，一直工作到晚霞布满天空，星星和月亮射出幽光。夜深了，她只把头枕在山崖上，略睡一睡，第二天，天刚微明，她又赶紧起来继续工作。

她一心要让这些灵敏的小生物布满大地。但是，大地毕竟太大了，她工作了许久，还没有达到她的意愿，而她自己已经疲倦不堪了。

最后，她想出了一个绝妙的创造人类的方法。她从崖壁上拉下一条枯藤，伸入一个泥潭里，搅成了浑黄的泥浆，向地面这么一挥洒，泥点溅落的地方，就出现了许多小小的叫着跳着的人儿，和先前用黄泥捏成的小人儿，模样一般无二。"妈妈""妈妈"的喊声，震响在周围。

用这种方法来进行工作，果然简单省事。藤条一挥，就有好些活人出现，不久，大地上就布满了人类的踪迹。

大地上虽然有了人类，女娲的工作却并没有终止。她又考虑着：人是要死亡的，死亡了一批再创造一批吗？这未免太麻烦了。怎样才能使他们继续生存下去呢？这可是一个难题。

后来她终于想出了一个办法，就是把那些小人儿分为男女，让男人和女人配合起来，叫他们自己去创造后代。这样，人类就世世代代绵延下来，并且一天比一天多了。

> **点评**
>
> 人们生活在一起，必须要相互遵守规矩，这些规矩就是各种社会制度，是中国礼仪文化的雏形。

礼义生于富足，盗窃起于贫穷　——汉·王符

◎舜帝孝感动天

帝王舜（音shùn）本是个普通平民，父亲瞽叟（瞽：音gǔ，盲眼。叟：音sǒu，老者。）是个瞎子，且品性固执，不懂礼仪。舜母早逝，瞽叟再娶，后母刁顽，常作恶言，并唆使舜父欲杀舜。后母生子名象，为人傲慢，亦对舜仇视。但是舜仍然对父母很孝顺，对弟弟很友爱，设法避免祸害，但却毫不怨恨，并承担全家的劳动工作，常在历山耕种。因为舜的孝行这么难得，感动了上天，致使他耕种的时候，有象出来协助，有鸟帮他锄草。

舜二十岁的时候，他的事迹已传播很远，到他三十岁的时候，当时的领袖帝尧为找寻替任的接班人而问计于四岳（四时之官），四岳一齐推荐了舜。于是帝尧决定深入对舜进行考察，便把两个女儿娥皇和女英嫁给舜，又命九个儿子和舜一起工作，观察他对内对外的为人。

舜成亲后，要求妻子孝敬公婆，尽媳妇之道，关照弟弟，尽嫂嫂的本分，不可以因妻子的高贵出身而破坏家庭的规矩。舜对尧的九个儿子要求也很严格，一点也不迁就，使他们为人更敦厚谨慎，事事心存尊敬的态度。

舜在历山耕作，由于和气谦让，同他一起开荒种地的人受到感染，变得能够互让，和洽相处，田界也不计较。舜去雷泽钓鱼，那里的人慢慢都能放下争执，互敬互让。舜在河边造陶器，仔细认真，不合格就重做，那些马虎的人见了，感到惭愧，跟着渐渐也就做得精致了。舜的品德在大家中产生很大感召力，人们都愿意亲近他。他住的地方本来很偏僻，但一年后就变成村落，两年成了邑，三年成了都。

帝尧于是很赏识舜，奖赏给他高级衣料做的衣服，一架名贵的琴，一群牛羊，又为他修建了粮仓。舜的父亲，

没有礼貌的人，就像没有窗户的房屋 ——维吾尔族谚语

后母和弟弟象看到，很为妒忌，一心暗害他，占为己有。瞽叟叫舜去清洁粮仓那高高的上盖，然后暗中纵火，要烧死他。幸得娥皇，女英预先给舜准备了竹笠，一手一个张开如鸟的翅膀，乘风飘下而不死。瞽叟又与象设计让舜修井，然后推下沙泥土块活埋他，得手之后三个人瓜分舜的财产，象要琴和舜的两个妻子，而牛羊衣物粮仓归瞽叟及后母。幸舜在两个妻子安排下，预先在井旁凿开一洞，下井后即藏身而得不死。他出来的时候，象正占据舜的房子抚弄那架名贵的琴，见到舜而终于感到惭愧不已。舜心中明知瞽叟，后母和象合计害他，但仍然和过去一样，孝敬父母，友爱弟弟，并没有一丝埋怨。

　　帝尧对舜经过长时间的考察，又分派工作让舜去做，终于认为舜的品德确实好，而且能干，能凝聚天下有能之士，使更多能人愿意出来辅助政事，治理的地方父有义、母有慈、子女孝顺，兄长爱护弟妹，弟妹恭敬兄长，远近的部族都对舜异常尊敬，便将帝位传给这贤人，这就是历史上的所谓禅让。舜以一介平民，一跃而为虞朝的帝王，完全是因为礼孝所致。这是就是孝感动天的故事。

> **点评**
> 孝是中国传统文化"礼仪"中的最基本的礼。

人有礼则安，无礼则危　——《礼记》

◎ 孔子尊师

公元前521年春，孔子得知他的学生宫敬叔奉鲁国国君之命，要前往周朝京都洛阳去朝拜天子，觉得这是个向周朝守藏史老子请教"礼制"学识的好机会，于是征得鲁昭公的同意后，与宫敬叔同行。到达京都的第二天，孔子便徒步前往守藏史府去拜望老子。正在书写《道德经》的老子听说誉满天下的孔丘前来求教，赶忙放下手中刀笔，整顿衣冠出迎。孔子见大门里出来一位年逾古稀、精神矍铄的老人，料想便是老子，急趋向前，恭恭敬敬地向老子行了弟子礼。进入大厅后，孔子再拜后才坐下来。老子问孔子为何事而来，孔子离座回答："我学识浅薄，对古代的'礼制'一无所知，特地向老师请教。"老子见孔子这样诚恳，便详细地抒发了自己的见解。

回到鲁国后，孔子的学生们请求他讲解老子的学识。孔子说："老子博古通今，通礼乐之源，明道德之归，确实是我的好老师。"同时还打比方赞扬老子，他说："鸟儿，我知道它能飞；鱼儿，我知道它能游；野兽，我知道它能跑。善跑的野兽我可以结网来逮住它，会游的鱼儿我可以用丝条缚在鱼钩来钓到它，高飞的鸟儿我可以用良箭把它射下来。至于龙，我却不能够知道它是如何乘风云而上天的。老子，其犹龙邪！"

博学于文，约之以礼 ——孔子

◎ 曾子啮指痛心

曾参,字子舆,春秋时期鲁国人,孔子的得意弟子,世称"曾子",以孝著称。少年时家里贫困,他经常到深山里打柴。

一天,家里来了客人,母亲不知所措,就用牙咬自己的手指。曾参忽然觉得心疼,知道母亲在呼唤自己,便背着柴迅速返回家中,跪问缘故。母亲说:"有客人忽然到来,我咬手指盼你回来。"

曾参于是接见客人,以礼相待。

曾参学识渊博,曾提出"吾日三省吾身"(《论语·学而》)的修养方法,相传他著述有《大学》《孝经》等儒家经典,后世儒家尊他为"宗圣"。

奢者狼藉俭者安,一凶一吉在眼前 ——白居易

◎ 子路百里负米

仲由，字子路、季路，春秋时期鲁国人，孔子的得意弟子，性格直率勇敢，十分孝顺。早年家中贫穷，自己常常采野菜做饭食，却从百里之外负米回家侍奉双亲。父母死后，他做了大官，奉命到楚国去，随从的车马有百乘之众，所积的粮食有万钟之多。坐在垒叠的锦褥上，吃着丰盛的筵席，他常常怀念双亲，慨叹说："即使我想吃野菜，为父母亲去负米，哪里能够再得呢？"孔子赞扬说："你侍奉父母，可以说是生时尽力，死后思念哪！"

不念居安思危，戒奢以俭；斯以伐根而求木茂，塞源而欲流长也　——魏徵

◎闵子骞芦衣顺母

闵损,字子骞,春秋时期鲁国人,孔子的弟子,在孔门中以德行与颜渊并称。孔子曾赞扬他说:"孝哉,闵子骞!"(《论语·先进》)。他生母早死,父亲娶了后妻,又生了两个儿子。继母经常虐待他,冬天,两个弟弟穿着用棉花做的冬衣,却给他穿用芦花做的"棉衣"。一天,父亲出门,闵损牵车时因寒冷打颤,将绳子掉落地上,遭到父亲的斥责和鞭打,芦花随着打破的衣缝飞了出来,父亲方知闵损受到虐待。父亲返回家,要休逐后妻。闵损跪求父亲饶恕继母,说:"留下母亲只是我一个人受冷,休了母亲三个孩子都要挨冻。"父亲十分感动,就依了他。继母听说,悔恨知错,从此对待他如亲子。

历览前贤国与家,成由勤俭破由奢 ——李商隐

◎ 孟母断织教子

　　孟子年幼的时候，家住墓地附近。他就常到那里去玩耍，和小朋友们一起，做一些模仿成人送葬一类的游戏。孟母发现后，认为：这地方不利于孩子的成长！于是就迁居到一个闹市的附近。可孟子在玩耍时，又学起小贩子沿街叫卖的事来。孟母说："这也不是孩子应住的地方啊！"又迁居到学堂的附近。这时，孟子在玩耍时就学起祭祀、打躬作揖的礼仪来。孟母说："这个地方可以让我儿子住了。"母子两人，就在这里定居下来。

　　在母亲的督促下，孟子成了当地有声望的学者，也有了妻室。一次，妻子在屋里坐着休息，随意将两条腿叉开。孟子外出回来，一眼看见妻子这种姿势，转身去找母亲，气哼哼地要休妻。孟母被这突如其来的举动弄愣了，便问为什么，孟子回答说："她坐着的时候把两腿叉开，像个什么样子。"孟母追问："你怎么知道她坐着的时候是把两腿叉开的呢？"孟子回答说："是我亲眼所见嘛！"

　　孟母严肃地教导他说"这不是你妻子没礼貌，而是你没礼貌。《礼记》上不是说了吗，进门时，先要问谁在里面；上堂时，要高声说话，给个知会；进屋时，眼睛应该往下看。这样可以使人在没有防备时，不至于措手不及。现在你到她休息的地方，进屋前也不说一声，她那样坐着让你看见了，这是你没有礼貌！"

　　听了母亲的明礼之教，孟子听了母亲的一番话，仔细品味自己的言行，感到很惭愧。他更加虚心求学，以礼仪规范自己，成为声望仅次于孔子的亚圣。

侈则多欲。君子多欲则念慕富贵，枉道速祸　——司马光

◎ 周公握发吐哺

周公，姓姬名旦，是西周时期周武王的弟弟，因为他原来的封地在周，所以人们称他为周公。当父亲周文王在世的时候，周公非常孝顺父亲。武王即位以后，周公就自己的全部力量辅佐（帮助）武王，治理国家。

后来，武王去世，武王的儿子成王即位。成王年纪很小，加之天下刚刚安定下来，周公怕有人背叛周朝，就暂时代替成王管理国家大事。

辅佐成王的时候，周公很注意招贤纳士，只要有贤士拜访他，他总是放下手头的事情，认真接待。后来，周公在鲁国又有了新的封地，但是为了能很好的地帮助成王管理国家，就叫儿子伯禽代自己到鲁国受封。

伯禽临行前，周公告诫他说："我是文王的儿子，武王弟弟，成王的叔叔，地位已经很高了，可是我为了及时起身接待来访的贤士，在洗头时，往往要好几次挽起头发，在吃饭时，好几次吐出口中的食物。就算这样，我还是怕错过天下的人才。你到鲁国后，千万要谨慎小心，不要因为自己拥有封国就傲慢待人。"

伯禽连连点头。

周公代成王管理国政七年，任用了很多贤士，还平定了管叔、蔡叔发动的叛乱，把国家治理得井井有条，繁荣兴旺。

后来，人们就用周公的"握发吐哺"来形容礼贤下士、殷切求才。

善气迎人，亲如弟兄；恶气迎人，害于戈兵 ——管仲

◎ 齐桓公礼贤下士

春秋时期，齐国国君齐桓公听说小臣稷是个贤士，渴望见他一面，与他交谈一番。一天，齐桓公连续去了三次，小臣稷都托故不见，跟随齐桓公的人就说："主人，你贵为一国之君，他是个布衣百姓，一天之中，你来了三次，既然没见到他，那就算了吧。"齐桓公却非常有耐心地对大臣说："别这么想，那些看不起爵位俸禄的读书人，自然也看不起他的君主。如果这君主不重视中原霸主的地位，就会轻视其他国君，轻视臣民，那怎么行呢？所以，即使小臣稷轻视有权有钱的人，我做国君的，却要重视臣民，重视其他国君。"

这一天，齐桓公接连五次前往，才得以见到小臣稷。

天下诸侯听说了这件事，都纷纷夸赞说："齐桓公对待平民百姓还能够如此礼贤下士，何况是对待其他国家的君王呢？"于是，君王们纷纷表示对齐桓公的敬仰和诚服。

由于齐桓公能够礼贤下士，所以天下的诸侯一个接一个地前来朝见齐桓公。齐国在齐桓王的治理下，一举成就霸业，齐桓公也因为聚集了大批优秀的人才，最终成为"春秋五霸之首"。

天下有大勇者，猝然临之而不惊，不故加之而不怒 ——苏轼

◎ 曾子避席

"曾子避席"出自《孝经》，是一个非常著名的故事。

曾子是孔子的弟子，有一次他在孔子身边侍坐，孔子就问他："以前的圣贤之王有至高无上的德行，精要奥妙的理论，用来教导天下之人，人们就能和睦相处，君王和臣下之间也没有不满，你知道它们是什么吗？"

曾子听了，明白老师孔子是要指点他最深刻的道理，于是立刻从坐着的席子上站起来，走到席子外面，恭恭敬敬地回答道："我不够聪明，哪里能知道，还请老师把这些道理教给我。"

在这里，"避席"是一种非常礼貌的行为，当曾子听到老师要向他传授时，他站起身来，走到席子外向老师请教，是为了表示他对老师的尊重。

曾子避席的故事被后人传颂，无论当时还是后世，人们都以他为尊师守礼的楷模。

国尚礼则国昌，家尚礼则家大，身有礼则身修，心有礼则心泰

——清·颜元

◎ 负荆请罪

春秋战国时期，赵国有两个很名的大臣，一个是文官蔺相如，一个是武将廉颇。

蔺相如很有见识和才能。在"完璧归赵""渑池相会"两次外交斗争中，捍卫了赵国的尊严，地位在名将廉颇之上。这使廉颇很不服气，他对别人说："我廉颇攻无不克，战无不胜，为赵国立下了赫赫战功。蔺相如不过是凭一张嘴巴，说说而已，有什么了不起，反而爬到我的头上。一定要侮辱他一番。"

蔺相如听说后，尽量不跟廉颇会面，每次出门，避开廉颇，有时甚至装病不去上朝。有一次蔺相如外出，远远看见廉颇的车马迎面而来，连忙叫车夫绕小路而行。蔺相如手下的人对他这样卑躬让步的作法感到委屈，纷纷要求告辞还乡。蔺相如执意挽留，并耐心地向他们解释说："诸位认为廉将军和秦王相比，哪个厉害？"众人都说："当然廉将军不及秦王了。"蔺相如说："对啦，天下的诸候个个都怕秦王，可是为了赵国，我敢在秦国的朝廷上斥责他，怎么会见到廉将军倒反而害怕了呢？你们的心情我是理解的，可是，你们想过没有，强大的秦国之所以不敢攻打赵国，就是因为赵国有我和廉将军两人的缘故。如果两虎相斗，势必两败俱伤。我不计个人恩怨，处处让着廉将军，是从国家的利益着想啊。"听了这番话，大家都消了气，打消了告辞还乡的念头，反而更加尊敬蔺相如了。

后来，有人把蔺相如的话告诉了廉颇，廉颇大受感动，惭愧万分，觉得自己心胸竟然如此狭窄，实在对不起蔺相如，决心当面请罪。一天，他脱下战袍，赤身背着荆条，来到蔺相如的府第，"扑"地跪在地上，老泪纵横，泣不成声地对蔺相如说："我是一鄙陋的粗人，见识浅薄，气量短

小,没想到您对我竟这么宽容大量,我实在无脸见您,请您用力责打我吧!就是把我打死了,也心甘情愿。"蔺相如见到这情景,急忙扶起廉颇,两人紧抱在一起。从此两人消除了隔阂,加强了团结,同心协力,保卫赵国,强大的秦国更加不敢轻易地侵犯赵国了。

延伸阅读

将相和

将相和,平天下。

《将相和》故事出自司马迁的《史记·廉颇蔺相如列传》。由"完璧归赵""渑池之会"和"负荆请罪"3个小故事组成。《将相和》的故事告诉我们的道理是:海纳百川,有容乃大。拥有大的胸怀,才能成就大的事业。

老吾老,以及人之老;幼吾幼,以及人之幼

◎张良坯桥进履

张良是汉王刘邦的军师,年少时曾在下邳居住。有一天,张良在坯桥上散步,桥上一位穿着粗布衣服的老人走到他跟前,故意脱掉脚上的鞋子,扔到桥下,然后对张良说:"小伙子,你下去把鞋给我捡上来!"张良吃了一惊,但还是忍着心中的不满,跑到桥下,替老人把鞋子捡了上来。谁知老人又跷起脚来命张良给他穿上。看到对方是一位头发花白的老人,张良就平心静气,跪在地上,小心翼翼地帮老人穿好鞋。

老人非但不谢,反而仰面大笑而去,走出一段路后他又返回来,高兴地说:"你这孩子真不错,是可造之才。五天后,天亮时分,你到这儿来等我。"

第五天到了,天刚亮,张良一早便来到桥上,不料老人早已经等在那里了,他生气地说:"你和老人相约,却比老人晚到!再过五天吧,你早点来这儿等我!"

谁知第二次张良又比老人来得晚,老人仍然让他五天后再来。张良惭愧不已。

第三次,张良半夜就赶到桥上等候。老人过了一会儿才来。老人见张良早早就到了,十分高兴,就对张良说:"这样才好。"然后送给张良一本《太公兵法》(《太公兵书》又称《太公六韬》,相传为周初太公望,即姜太公姜子牙所著,是一部集先秦军事思想之大成的著作),并说,"这是一本世上少有的奇书,读了它,你就可以实现自己的抱负了。"说罢便走,张良问:"我到哪里去找你?"老人说:"将来你在谷城山下看见一块黄石,那便是我。"

此后,张良十分珍视这本书,反复阅读,认真体会,增长了不少才智。后来,张良正是凭借从《太公兵书》中学到的知识,成了刘邦的军师,协助刘邦开创了汉朝。

勿以恶小而为之,勿以善小而不为

◎汉文帝亲尝汤药

汉文帝刘恒,汉高祖第三子,为薄太后所生。高后八年(前180)即帝位。他以仁孝之名,闻于天下,侍奉母亲从不懈怠。母亲卧病三年,他常常目不交睫,衣不解带;母亲所服的汤药,他亲口尝过后才放心让母亲服用。他在位24年,重德治,兴礼仪,注意发展农业,使西汉社会稳定,人丁兴旺,经济得到恢复和发展,他与汉景帝的统治时期被誉为"文景之治"。

公元前202年,刘邦建立了西汉政权。刘邦的三儿子刘恒,即后来的汉文帝是一个有名的大孝子。刘恒对他的母亲皇太后很孝顺,从来也不怠慢。

有一次,他的母亲患了重病,这可急坏了刘恒。他母亲一病就是三年,卧床不起。刘恒亲自为母亲煎药汤,并且日夜守护在母亲的床前。每次看到母亲睡了,才趴在母亲床边睡一会儿。刘恒天天为母亲煎药,每次煎完,自己总先尝一尝,看看汤药苦不苦,烫不烫,自己觉得差不多了,才给母亲喝。

刘恒孝顺母亲的事,在朝野广为流传。人们都称赞他是一个仁孝之子。

有诗称颂他说:"仁孝闻天下,巍巍冠百王;母后三载病,汤药必先尝。"

己亥日,刘恒病死于长安未央宫。死后的庙号为太宗,谥号为文帝。后人为了纪念他的伟业和仁政以及他的孝道,将其列为二十四孝之第二孝。

将不可骄,骄则失礼,失礼则人离,人离则众叛 ——诸葛亮

◎ 汉明帝敬师

东汉明帝刘庄做太子时，桓荣是他的老师，他对老师非常尊敬，从不摆皇太子的架子。一次，桓荣病重在床，不能来太子宫讲课，年轻的刘庄每天早晚都派人前去询问老师的病情，并且送去最好吃的东西。

后来，刘庄即位当了皇帝，称汉明帝，虽然君临天下，但他一如既往地尊敬老师，从不把桓荣当一般臣下看待。当时桓荣已八十多岁了，汉明帝为了照顾他，特许老师不再来上朝奏事，让他在家里好好休养。

为了能够经常见到老师，继续向老师请教，并让老师能够教授更多的人，汉明帝常常带领百官到桓荣住的太常府去听他讲解经义。到了桓荣府里，汉明帝亲自搀扶老师，让他坐在尊位。老师坐定后，汉明帝就叫侍从把几案摆在老师面前，自己则带着百官以及老师的学生们站在老师面前，恭恭敬敬听他讲课。

后来，桓荣一病不起，汉明帝就派人专程慰问，甚至亲自登门看望。每次探望老师，汉明帝都是一进街口便下车步行前往，以示尊敬。进门后，汉明帝拉着老师枯瘦的手，默默掉眼泪，很长时间才离去。

见到当朝皇帝如此尊重桓荣，那些前来探望他的诸侯、将军、大夫们都不敢乘车到门口，而是早早地下车，步行到桓荣的府上。

桓荣去世后，汉明帝当即吩咐内官为他准备丧服，亲自前去吊唁，并对老师的子女作了妥善安排。

汉明帝刘庄尊敬师长的故事受到天下百姓的赞扬。

人无礼不立，事无礼不成，国无礼不宁 ——荀子

◎ 蔡邕倒履相迎

东汉时期的大学问家蔡邕，文史、辞赋、音乐、天文无不精通。由于蔡邕才华横溢，身居高位，他家里常常高朋满座，蔡邕也从不摆架子，十分谦虚好客，很善于和人交往。有一次，少年王粲不远千里前来拜访蔡邕，正赶上蔡邕睡午觉。家人告诉他，王粲来到门外了，蔡邕听到后，迅速起身下床，急急忙忙穿上鞋就往门外跑，由于太慌忙，居然把鞋穿倒了。王粲看到名满天下的蔡邕竟然是这样模样，不禁抿嘴笑起来。

蔡邕家中的人看到蔡邕如此匆忙，以为来了什么大人物，也都连忙起身恭迎。等到蔡邕和王粲来到堂前，人们都大吃一惊，只见王粲年纪不大，长得十分瘦弱矮小，完全是一个孩子。人们觉得蔡邕这样尊重王粲未免太失身份，可是，历来尊重人才的蔡邕却不这么想，他一边和王粲亲切交谈，一边对人们称赞说："这是王粲，有奇才，我是比不上他的。从今往后，我家的书籍都都可以给他看。"

少年才子王粲受到蔡邕倒履相迎的礼遇，又听到这样的一番赞扬，深受鼓舞。从此以后，两人就成了好朋友，经常在一起谈心学习，互相请教，王粲后来成为了著名的文学家，也是三国时期的重要谋士。

点评

以热情有礼、周到妥贴的态度做好迎客工作、让客人有"宾至如归"之感。与客人见面时，应着装得体，并向客人表示欢迎、问候，握手致意。日常，我们只知道衣装不整待客实乃无礼之举，这个故事告诉我们谦逊、热情与诚意才是礼仪的内核，没有了这些，即便衣装款款，也不过是个"暴发户"而已，不足一提。

心诚气温，气和辞婉，必能动人 ——明·薛宣《谈书录》

◎缇萦救父

汉文帝时,有一位叫淳于意的人,拜齐国著名医师杨庆为师,学得一手高超的医术,曾经做过齐国的仓令。他在老师去世以后,弃官行医。因为个性刚直,行医的时候,得罪了一位有权势的人,导致后来自己遭陷害,被押往京城治罪。他的女儿名叫缇萦,虽然是一位弱小女子,然而不辞劳苦,长途跋涉随父前往长安向皇帝诉冤。她陈述了肉刑的害处,并说明了父亲做官时清廉爱民,行医时施仁济世,现在确实是遭人诬害,她愿意替父受刑。汉文帝被缇萦的孝心深深感动,赦免了她的父亲,并且下诏书废除了肉刑。

人们为了赞扬缇萦做诗颂曰:随父赴京历苦辛,上书意切动机定;诏书特赦成其孝,又废肉刑惠后人。

延伸阅读1

中国古代的肉刑

广义的肉刑,指括黥(刺面并着墨)、劓(割鼻)、刖(斩足)、宫(割势)、大辟(即死刑)等五种刑罚。起源于"杀人者死,伤人者创"的原始同态复仇论。至夏商周成为国家常刑,有三典五刑之说,秦及汉初相沿不改。

肉刑的出现,有其社会历史条件,随着社会向前发展和文明程度的提高,这种刑罚便成为野蛮残忍的行为而遭到人民的强烈反对。秦末的农民起义,其重要原因之一就是"天下苦秦久矣"。

汉文帝是中国历史上第一个废除肉刑的皇帝。汉文帝十三年(公元前167年),中国在世界上率先废除了肉刑(改用笞刑(打竹板)代替肉刑),与肉刑一同废除的还有秦朝的"连坐"罪。这是刑罚制度从野蛮残酷向相对文

海纳百川有容乃大,山高万仞无欲则刚 ——林则徐

明过渡的一个划时代的里程碑,在中国乃至世界的法制史上都具有里程碑式的意义。

缇萦上书救父不仅成为中国孝道的典范,而且对于推动古代法律制度的改革作出了巨大贡献。

延伸阅读2

【成语】屦贱踊贵:踊比一般的鞋贵,意即受过刖刑的人很多,说明当时的刑罚重而滥。

屦,鞋;踊,受过刖刑的人穿的鞋,一说假脚;

【出处】《左传·昭公三年》:"国之诸市,屦贱踊贵,民人痛疾。"

春秋战国时期,肉刑的适用更为广泛。晏婴作为使臣到齐国谈及对齐国的印象时,就曾当着齐景公的面说:"国之诸市,屦贱踊贵。"用以说明当时受刖刑的人很多。

礼者,人道之极也 ——荀子

◎ 孔融让梨

孔融（153—208年），鲁国人（今山东曲阜），是东汉末年著名的文学家，建安七子之一，他的文学创作深受魏文帝曹丕的推崇。据史书记载，孔融幼时不但非常聪明，而且还是一个注重兄弟之礼、互助友爱的典型。

孔融四岁的时候，常常和哥哥一块吃梨。每次，孔融总是拿一个最小的梨子。有一次，爸爸看见了，问道："你为什么总是拿小的而不拿大的呢？"孔融说："我是弟弟，年龄最小，应该吃小的，大的还是让给哥哥吃吧！"

孔融小小年纪就懂得兄弟姐妹相互礼让、相互帮助、团结友爱的道理，使全家人都感到惊喜。从此，孔融让梨的故事也就流传千载，成为团结友爱的典范。

延伸阅读

《三国志通俗演义》

孔融居北海，豪气贯长虹
坐上客长满，樽中酒不空；
文章惊世俗，谈笑侮王公。
史笔褒忠直，存官纪太中。

安上治民，莫善于礼 ——孝经

◎ 刘备三顾茅庐

诸葛亮（181—234年），字孔明，青年时代躬耕于隆中，并苦读经书，熟悉历朝兴衰的历史，潜心钻研兵法。他常以春秋战国时的管仲、乐毅自比，是难得的一位将才、谋士，自称"卧龙"。善于网罗人才的刘备闻知，高兴地说："我需要这样的人才！"并表示哪怕山高路远，行走不便，也非亲自去请他不可。

深冬的一天，刘备带着关羽、张飞，到隆中邀请诸葛亮。谁知诸葛亮恰好不在家，刘备只好扫兴而归。

刘备回到新野，不断派人到隆中打听诸葛亮何时在家。当打听到诸葛亮外出已经回到家时，刘备当即决定二请诸葛。这时，张飞不以为然地说："一个平民百姓，派个武士把他叫来就得了，犯不着让你一再去请。"刘备说："诸葛亮是当代大贤，怎么能随便派个人去叫他呢？你还是痛痛快快地跟我去吧。"刘备说服了张飞，叫上关羽，三人骑马直奔隆中而去。

这一天，北风呼啸，大雪纷飞，冷得实在教人难忍。张飞对着刘备大嚷："我等何苦找此罪受！不如等天晴再说。"刘备却说："贤弟，咱们冒此大风雪，不怕山高路远，去请诸葛，不正表明了我们的一片诚意吗？"三人继续往前赶路。不料，这一次刘备又未见到诸葛亮，只好写了一封信托诸葛亮的弟弟转交，说明来意，并表示择日再访。

第二年春天，刘备更衣备马，决定第三次去拜访诸葛亮。张飞、关羽竭力劝阻。关羽说："我们两次相请，都未见到他，想必他徒有虚名，不敢前来相见。"张飞更是带着轻蔑的口吻说："我们已仁至义尽，这次只需我一人前往，

道之以告德，齐之以礼　——论语

他如若不来,我就将他绑来见你。"刘备连忙说道:"不得无礼,没有诚意哪能请到贤人呢?"

刘备三人飞马直奔隆中,来到诸葛亮的草庐前。此时诸葛亮正在午睡。刘备唯恐打扰诸葛亮,不顾路途疲劳,屏声敛气地站在门外静候,直到诸葛亮醒来才敢求见。刘备见了诸葛亮,说道:"久慕先生大名,三次拜访,今日如愿,实是平生之大幸!"诸葛亮说:"蒙将军不弃,三顾茅庐,真叫我过意不去。亮年幼不才,恐怕让将军失望。"

刘备却诚恳地说:"我不度德量力,想为天下伸张正义,振兴汉室。由于智术短浅,时至今日,尚未达到目的,望先生多多指教。"刘备谦虚的态度,诚恳的情意,使诸葛亮很受感动。于是诸葛亮终于答应了刘备的请求,怀着统一全国的政治抱负,离开了隆中茅庐,出任刘备的军师。他忠心耿耿地辅佐刘备,为"三国鼎立"局面的确立,做出了巨大贡献。

延伸阅读

成语:三顾茅庐

顾:拜访;茅庐:草屋。原为汉末刘备访聘诸葛亮的故事。比喻真心诚意,一再邀请。汉末刘备三次诚访诸葛亮出山辅佐的故事。此后传为佳话,渐成典故,载《三国志·蜀志·诸葛亮传·出师表》。现在常用来比喻真心诚意,一再邀请、拜访有专长的贤人。

人无礼则不生,事无礼则不成,国家无礼则不宁 ——荀子

◎赵孝争死

汉朝时候,有一个人姓赵,单名叫孝的,表字常平,和他的弟弟赵礼,很是友爱的。有一年,年成荒歉得很,一班强盗占据了宜秋山,把赵礼捉去了,并且要吃他。赵孝就赶紧跑到了强盗那里,求恳那班强盗们说道,赵礼是有病的人,并且他的身体又很瘦,是不好吃的。我的身体生得很胖,我情愿来代替我的弟弟,给你们吃,请你们把我的弟弟放走了。强盗还没有开口说话,他那弟弟赵礼一定不肯答应。他说道,我被将军们捉住就是死了,也是我自己命里注定的,哥哥有什么罪呢。两兄弟抱着,大哭了一番。强盗也被他们感动了,就把他们兄弟俩都释放了。这件事传到了皇帝那里,就下了诏书。将这件事情昭告天下,这是兄友弟恭的最好典范,让百姓都来学习。

人有礼则安,无礼则危 ——礼记

◎ 彼此尊重

南北朝时期的齐国,有一个叫陆晓慧的人,他才华横溢,博闻强识,为人更是恭谨亲切。他曾在好几个王的手下当过长史,可以说是一个高高在上的人了,然而他却从来不把自己看得很高,前来拜见他的官员,不管官大官小,他都以礼相待,一点儿也不摆驾子。如果客人离开,他更会站起身亲自将对方送到门外。

有一个幕僚看到这种情景,很是难以理解,就对他说:"陆长史官居高位,不管对谁,哪怕对老百姓也是彬彬有礼,这样实在有失身份,更什么也得不到,长史何必这样麻烦呢?"陆晓慧听了不以为然地轻松一笑,说道:"欲先取之,必先与之。我想让所有的人都尊重我,那我就必须尊重所有的人。"

陆晓慧一生都奉行这个准则,所以得到非常多的人的尊重和支持,他的政绩也远远地超过别人。

礼以行义,义以生利,利民,政之大节也 ——左传

◎ 千里送鹅毛，礼轻情意重

唐朝贞观年间，回纥国是大唐的藩国，一次，回纥国为了表示对大唐的友好，便派使者缅伯高带了一批珍奇异宝去拜见唐王。在这批贡物中，最珍贵的要数一只罕见的珍禽——白天鹅。

缅伯高最担心的也是这只白天鹅，万一有个三长两短，可怎么向国王交待呢？所以，一路上，他亲自喂水喂食，一刻也不敢怠慢。

这天，缅伯高来到沔阳河边，只见白天鹅伸长脖子，张着嘴巴，吃力地喘息着，缅伯高心中不忍，便打开笼子，把白天鹅带到水边让它喝了个痛快。谁知白天鹅喝足了水，合颈一扇翅膀，"扑喇喇"一声飞上了天！缅伯高向前一扑，只拔下几根羽毛，却没能抓住白天鹅，眼睁睁看着它飞得无影无踪，一时间，缅伯高捧着几根雪白的鹅毛，直愣愣地发呆，脑子里来来回回地想着一个问题："怎么办？进贡吗？拿什么去见唐太宗呢？回去吗？又怎敢去见回纥国王呢！"思前想后，缅伯高决定继续东行，他拿出一块洁白的绸子，小心翼翼地把鹅毛包好，又在绸子上题了一首诗："天鹅贡唐朝，山重路更遥。沔阳河失宝，回纥情难抛。上奉唐天子，请罪缅伯高，礼轻情意重，千里送鹅毛！"

礼者，人道之极也 ——荀子

◎ 李勣焚须

唐朝有一个大臣,叫做李勣,表字懋功。原来他本是姓徐,太宗皇帝爱惜他,所以赐给他也姓了李。并且因为他的功劳很大,所以把他封做了英国公。

当李勣做宰相的时候,他的姐姐偶然生起病来,李勣就亲自替他姐姐烧着火去煮粥。哪里晓得吹了一阵风来,竟把李勣的胡须烧着了。他的姐姐看见了,就说,我们家里男的女的佣人多得很,为什么要你自己辛苦到这个地步呢。

李勣回答他姐姐道,我难道是为了没有人的缘故吗。我是因为现在姐姐的年纪已经老了,我的年纪也老了,虽然要想常常替我姐姐煮着粥,哪里能够呢。

延伸阅读

树欲静而风不止,子欲养而亲不待

孔子出行,听到有人哭的十分悲伤。孔子说:"快,快,前面有贤人。"走近一看是皋鱼。身披粗布抱着镰刀,在道旁哭泣。孔子下车对皋鱼说:"先生家是不是有丧事?为什么哭得如此悲伤?"

皋鱼回答说:"我有三个过失:年少时出去求学,周游诸侯国,没有照顾到亲人,这是过失之一;自视清高,不愿为君主效力,没有成就,这是过失之二;朋友交情深厚,可很早就断绝了联系,这是过失之三。树想静下来可风却不停吹动它,子女想要好好孝敬的时候老人却已经不在了!过去了不能追回的,是岁月;逝去后想见而见不到的,是亲人。就让我从此离别人世吧。"说完就辞世了。

孔子对弟子们说:"大家要引以为戒,这件事足以让我们明白其中的道理!"于是,有许多弟子辞行回家赡养双亲。

安上治民,莫善于礼 ——孝经

◎ 公艺百忍

唐朝时候,有个姓张名叫公艺的,他家里竟有九代,同住在一块儿不分家了。高宗皇帝就叫了张公艺来问他道,你们能够使得族中这样的和睦,究竟是用的什么法子呢。

张公艺就请求用了纸笔来对答,高宗皇帝就给了他纸笔。张公艺提起笔来,竟接连写了一百多个忍字,进到皇帝那里。

照张公艺的意思,以为大凡一家人家,宗族间的所以不和睦,每每由于尊长的衣食,或者有了不平均,卑幼的礼节,或者有了不完备。大家互相责问,互相怨望,所以就发生了种种诡异和争闹的事情。倘然能够大家百样都忍耐些,那么家里当然是很和睦的了。

道之以告德,齐之以礼 ——论语

◎ 韩愈与叩齿庵

韩愈（768—824），唐代文学家、哲学家。字退之。河南河阳（今孟县）人，郡望昌黎，世称韩昌黎。因官吏部侍郎，又称韩吏部。谥号"文"，又称韩文公。

韩愈来到潮州后，有一天出巡，在街上碰见一个和尚，面貌长得十分凶恶，特别是翻出口外的两个长牙，更是使人害怕。韩愈本来就是因为劝皇帝不要为迎接释迦牟尼的舍利子而过分劳民伤财，才被贬到潮州来的，早已对和尚没有好感了，一见这副"恶相"，更是讨厌，他想这决非好人，回去要好好收拾他，敲掉他那长牙。

韩愈回到衙里，才下轿，看门的人便拿来一个红包，说这是刚才有个和尚要送给老爷的。韩愈打开一看，里面非金非银，是一对长牙，正好和那和尚的两只长牙一模一样。他想，我想敲掉他的牙齿，并没说出来，他怎么就知道了呢？

韩愈立即派人四处寻找那个和尚。

见面交谈后，韩愈才知道，原来他就是很有名声的潮州灵山寺的大颠和尚；是个学问很深的人。韩愈自愧以貌看人，忙向他赔礼道歉。这以后，两人终于成了好朋友。

后人为纪念韩愈和大颠和尚的友谊，就在城里修了座庵，叫"叩齿庵"。

礼，天之经也，民之行也 ——左传

◎ 柳宗元失礼，书童补诗

唐代文学家、哲学家，唐宋八大家之一。字子厚。祖籍河东（今山西永济），后迁长安（今陕西西安），世称柳河东。因官终柳州刺史，又称柳柳州。与韩愈共同倡导唐代古文运动，并称韩柳。

有一年冬天，地处南国的柳州，居然下起鹅毛大雪，一时间，整个柳州，成了一个银色的世界。柳州知府很是高兴，就决定在柳州的南郊鱼峰山上的"望江亭"摆上火锅，请柳州府的一些文人墨客喝酒赏雪。酒后，知府老爷雅兴正浓，要在座的每个客人做一道赏雪诗助兴，并且规定题目为《江雪》，最后一个字一定要是个"雪"字。那帮文人墨客，大多是一些阿谀奉承的帮闲文人，他们摇头晃脑写出一些俗不可耐的歌功颂德的歪诗，吹捧知府的德政。柳宗元和这帮人很合不来，他内心感到腻味极了，更不愿同他们同流合污，趋炎附势。他不动声色地独自喝酒，轮到他写时，他已经酩酊大醉，迷迷糊糊地走到石桌前，展开宣纸，内心实在是厌烦，所以信手在宣纸上写下了"千万孤独"四字大字。写完后，伏在案上烂醉如泥。

柳宗元的书僮柳植见状，知道坏事了，主人得罪了这个催炎附势的顶头上司。况且主人写下"千万孤独"这四个字的墨迹，也不是无隙可找的。弄不好被人家诬为被贬官对朝庭不满，现在墨迹在知府大人手里，这岂不是他要整柳宗元的铁证吗？怎么办？小柳植马上追下山来，在半山腰追上了知府大人的轿子，启禀道："启禀老爷，我家老爷现在酒醒了，他怀着歉意，命小的来取回那帧尚未完成的诗稿，让他继续写完那首咏雪诗。"

知府老爷听了，便将那幅宣纸交给柳植，没好气地说："叫他快点儿写，我在半山腰候！"

柳植拿了那幅只写着"千万孤独"四个大字的诗稿，回到"望江亭"，但是柳宗元还是酩酊大醉躺在石凳上，柳植焦急地千呼万唤，又揪耳朵，又捏鼻子，都无法把柳宗元弄醒，急得失声痛哭起来。他哭着望着茫茫大雪，漫天飞舞，这时，柳江江边正有一叶小小的打鱼船，停泊在江天浩渺之中，一个老渔翁，披着蓑衣独自一人在那里下钓。小柳植触景生情，灵感来了，诗兴勃发，勇敢地拿起狼毫，在"千万孤独"那四个字下面，挥毫添上诗句，就成了一首咏雪诗，又挥毫写上诗名：

《江雪》

千山鸟飞绝，万径人踪灭。

孤舟蓑笠翁，独钓寒江雪。

小柳植写完诗稿后，欢天喜地下山去向知府老爷交帐去了，知府看了诗稿，见是柳宗元那熟悉的笔迹，雄浑隽永，潇洒飘逸，以为此诗是出自柳宗元之手，高兴下山去了。

◎ 程门立雪

"程门立雪"这个故事出自《宋史·杨时传》:"见程颐于洛,时盖年四十矣。一日见颐,颐偶瞑坐,时与游酢侍立去。颐既觉,则门外雪深一尺矣。"

"程门立雪"说的是宋代学者杨时和游酢向程颢、程颐拜师求教的事。杨时、游酢二人,原先以程颢为师,程颢去世后,他们都已四十岁,而且已考上了进士,然而他们还要去找程颐继续求学。故事就发生在他们初次到嵩阳书院,登门拜见程颐的那天。

相传,一日杨时、游酢,来到嵩阳书院拜见程颐,但是正遇上程老先生闭目养神,坐着假睡。这时候,外面开始下雪。这两人求师心切,便恭恭敬敬侍立一旁,不言不动,如此等了大半天,程颐才慢慢睁开眼睛,见杨时、游酢站在面前,吃了一惊,说道:"啊,啊!他们两位还在这儿没走?"这时候,门外的雪已经积了一尺多厚了,而杨时和游酢并没有一丝疲倦和不耐烦的神情。

这个故事,就叫"程门立雪",在宋代读书人中流传很广。后来人们常用"程门立雪"的成语表示求学者尊敬师长和求学心诚意坚。

◎ 欧阳修改句

欧阳修（1007—1072）北宋政治家、文学家。唐宋八大家之一。字永叔，号醉翁，晚号六一居士。吉州永丰（今属江西）人。

宋庆历五年（公元1045年），欧阳修被贬滁州任太守。此后，他时常闲游山水，并与附近琅琊寺的智仙和尚结为好友。为便于他游览，智仙和尚带人在山腰盖了座亭子。亭子建成那天，欧阳修前去祝贺，为之取名为"醉翁亭"，并写下了千古传诵的散文名篇《醉翁亭记》。文章写成后，欧阳修张贴于城门，征求修改意见。开始大家只是赞扬，后来，有位樵夫说开头太罗嗦，便叫欧阳修到琅琊山南门上去看山。欧阳一看，便恍然大悟，于是提笔将开头"环滁四面皆山，东有乌龙山，西有大丰山，南有花山，北有白米山，其西南诸山，林壑尤美"一串文字换上"环滁皆山也"五个字。如此一改，则文字精练，含义倍增。

◎ 朱寿昌弃官寻母

朱寿昌的父亲朱巽是宋仁宗年间的工部侍郎，寿昌庶出，其母刘氏是朱巽之妾。朱寿昌幼时，刘氏被朱巽遗弃，从此，母子分离。

朱寿昌长成之后，荫袭父亲的功名，出而为官，几十年的仕途颇为顺利，先后做过陕州荆、南通荆、岳州知州，阆州知州等，然而他一直未得与生母团聚，思念之心萦萦于怀，以至于"饮食罕御酒肉，言辄流涕"，母子分离后的五十年间，他四方打听生母下落，均杳无音讯，为此他烧香拜佛，并依照佛法，灼背烧顶，以示虔诚。

宋熙宁初年，听人传说他母亲流落陕西一带，嫁为民妻，他又刺血书写《金刚经》，并辞去官职，与家人远别，千里迢迢，往陕西一带寻母，并与家人道："不见母，吾不返矣"，精诚所至，朱寿昌终于在同州找到了自己的生身母亲，当年母子分离时，寿昌尚年幼，五十年后重逢，老母已七十有余，寿昌也年过半百了。

原来，寿昌母刘氏离开朱家以后，改嫁党氏，又有子女数人，寿昌视之如亲弟妹，全部接回家中供养，有人将朱寿昌弃官寻母之事上奏宋神宗赵顼，宋神宗得知朱寿昌事后，责令官复原职，同时，名公巨卿如苏轼、王安石等争文诗为赞美其事。

苏轼曾有诗云："嗟君七岁知念母，怜君壮大心愈若，不受白日升青天，爱君五十长新服，儿啼却得偿当年……感君离合我酸辛，此事今无古或闻……"。

王安石诗云：彩衣东笑上归船，莱氏欢娱在晚年，嗟我白头生意尽，看君今日尽凄然。从此，朱寿昌弃官千里寻母之事遍传天下，孝子之名得于遐迩。朱寿昌官至司农少卿、朝议大夫，中散大夫，年七十而卒。朱寿昌弃官寻母一事，历代广为流传。

◎ 苏东坡识字

苏东坡，是北宋时期的文学家、书画家。他少年时就博览群书，才智过人，常常受人夸奖。好话听多了，渐生傲气。一天，他乘兴在自家门前写了一副对联：

识遍天下字
读尽人间书

瞧这口气，真有"天下第一"的样子。过往行人看了，有的夸这家出了能人，也有的摇摇头，觉得海口夸得太大了。

有一天，一位白发老者登门拜访，见了苏东坡，老人说："听说苏才子学问盖世无双，老朽特来请教。"苏东坡见这么大岁数的人都找自己问问题，心中十分得意。出于尊敬，他为老者让了座，问道："老先生可有什么疑难？"老人没有说话，笑吟吟地捧过一本书来。

苏东坡接过来，翻开第一页，头一列就读不下去了。为什么呢？有两个字不认识。越往下看，生字越多。立刻脸上红一阵、白一阵，脑门上汗涔涔的。老人说："怎么，这些字连苏才子也不认识呀？"说完笑吟吟地走了。

苏东坡呆若木鸡，一时都忘了送客。等缓过神来，才恍然大悟，赶忙添了几个字，重新写成这副门联：

发愤识遍天下事
立志读尽人间书

后来，他果然成了中国的大文豪。

◎耶律楚材以礼治国

耶律楚材（1190—1244）字晋卿，汉化契丹贵族，蒙古成吉思汗、窝阔台汗时代的重臣。任职近30年，官至中书令，备受重用。蒙古立国之初，制定了多种政策及典章制度。主张"以儒治国，以佛治心"。其法律思想和实践对建立元朝法律制度具有重大影响。

耶律楚材为了保持汉文化并使蒙古上层接受汉文化，利用蒙古贵族的实用主义思想，名为因俗而治之，主要从保护和任用儒才、传播儒家礼教的方面入手。

蒙古征服了中原地区后出现了一个问题：该如何治理这个文化先进的地区？耶律楚材上奏说："天下虽得之马上，不可以马上治。"他深知要统治中原非用中原的制度不可，而熟知汉法统治之道的是汉儒士。于是他在得势之时大力保护汉儒士并引荐他们进入仕途。1230年耶律楚材在中原辖区设十路，每路都任命正副课税使，皆由儒士担任。

在蒙古灭金和征伐南宋时，许多名士如元好问、赵复、窦默、王磐等人都被保护并起用。这对于北方学风的兴盛有很大的影响。1237年，随着金朝的灭亡，统治地域的扩大，国家需要大量的人才来治国。耶律楚材上奏说："制器者必用良工，守成者必用儒臣。"窝阔台听从了他的意见，"乃命宣德州宣课使刘中随郡考试，以经义、辞赋、论分为三科，儒人被俘为奴者，亦令就试，其主匿弗遣者死。得士凡四千三十人，免为奴者四之一。"（《元史·耶律楚材传》）这次选中的有许多人才，如杨奂、张文谦、赵良弼、董文用等人，他们后来都是忽必烈时代的名臣，为完成蒙古国的汉化做出了巨大贡献。这次考试使大批儒士得到身份的提高和课役上的优待，在文化、教育、政治、经济各领域都发挥了重要的作用。

耶律楚材还向蒙古贵族传授儒家思想。他先从尊孔开始,金灭亡后,他"遣人入城,求孔子后,得五十一代孙元惜,奏袭封衍圣公,服役林庙地。"他还向统治集团讲经,"命收太常礼乐生,及召名儒梁陟、王万庆、赵著等,使直释九经,进讲东宫。又率大臣子孙,执经解义,俾知圣人之道。"于是讲学之风渐起,在京城还设置了国子学。

判断一个文化的先进程度,重要的因素之一就是看它的礼制是否完善与先进。

1229年秋天,蒙古国的宗王和大臣们在曲绿连河曲雕阿兰地方举行忽邻勒塔(大会)。在大会上为了继承问题讨论了四十天,直到第四十一天,才得出了结果,由窝阔台即位。

在窝阔台即位时,耶律楚材依照中原王朝的传统,制定了册立仪礼。这种仪礼要求皇族尊长都就班列拜,这与蒙古的习俗是不大相合的。耶律楚材从亲王察合台入手做工作。他说:"王虽兄,位则臣也,礼当拜。王拜,则莫敢不拜。""王深然之。及即位,王率皇族及臣僚拜帐下,既退,王抚楚材曰:'真社稷臣也。'国朝尊属有拜礼自此始。"(《元史·耶律楚材传》)

蒙古国以前并没有什么正式的君臣之礼。忽邻勒塔大会实际上是部落联盟的议事会议。大汗相当于部落联盟的首领,虽然拥有至高的军事权力,但在礼仪上与各部落酋长仍然以兄弟相称,不存在严格的君臣上下之分。拜汗礼的实施是对中原礼制的继承,它表现了大汗至高无上的地位和不可超越的权力。这种制度即使是在元朝灭亡蒙古人退回草原后,也仍然保存着。

◎ 黄公望礼待同行

"文人相轻"是中国文化史上的毒瘤,但黄公望却从不文人相轻,反而十分尊重同行。

黄公望是元朝一位大器晚成的画家,他五十岁左右才专门从事山水画创作。他先后在虞山、富春山居住,领略江山之胜,并时时于"皮袋中,置描笔在内,或于好景处,见树有怪异,便当模写记之"。他的画林木苍秀,岩壑清幽,意境深远。他的代表作《富春山居图》"经营七年"才完成,足见其苦心孤诣的创作态度。

黄公望有一个非常好的绘画创作环境,这不仅是说他曾经得到书画大家的指授,他还和元四家的另外三家有着良好的关系。他们四人都在江南地区居住,王蒙是湖州人,吴镇是嘉兴人,倪瓒是无锡人,都住得很近。他们都是很有个性的画家,王蒙以繁复茂密取胜,倪瓒以萧疏清简著称,吴镇的作品则充满了静谧安详的情绪。王蒙在四家中年纪最小,与倪瓒相仿,交谊也很深。王蒙和倪瓒还和称霸苏州的张士诚有着很好的关系。他们都很尊重和推崇黄公望,特别是倪瓒,因为他和黄公望都信奉全真教。对倪瓒来说,年长32岁的黄公望不仅是著名的画师,还是道学深邃的全真教名人。黄公望对倪瓒这位忘年交也十分器重,他曾经花十年时间,替倪瓒画《江山胜览图》卷,此图长二丈五尺余,是黄氏浅绛山水中的杰作之一。元四家间在画艺上的相互切磋和砥砺无疑促进了他们在山水创作上的突飞猛进。

◎ 郑濂碎梨

明朝时候，郑濂的家里是七代同住的。他家里的大门上。刻着"天下第一家"五个字。太祖皇帝召了郑濂来问他道：你家里究竟有多少人口呢？郑濂回对道：大约有一千多人口。太祖皇帝就问郑濂用怎么样治家的法则，郑濂回对说，只有不听妇人家的言语罢了。太祖皇帝听了很欢喜，就送他两个梨子。郑濂拜谢后带着梨子回到家里。太祖皇帝叫校尉暗地里跟了他去，看他有什么举动。哪里晓得郑濂一到了家里，就召集了全家的一千多口人，一齐出来谢恩以后。便放下了两大缸的清水，把两个梨子弄碎了放在水里，大家分着喝了。太祖皇帝晓得了这一回事，非常的喜欢。

◎ 礼让出来的六尺巷

在安徽桐城，曾经有一个很名望的家族，出了张英、张廷玉父子两代宰相，声名显赫。

清朝康熙年间，张英在朝廷当官，老家桐城的宅院与吴家为邻，两家宅院中间有一块空地，供双方来往交通使用。后来邻居吴家建房，要占用这个通道，张家不同意，双方发生纠纷，告到县衙门。因两家都是官位显赫的名门望族，县令左右为难，迟迟不能判决。

张英家人见有理难争，就给在京城当官的张英写了一封信，想求他出面干涉此事。张英收到信后，认为邻里之间应该宽容礼让，就在给家人的回信中写了四句话："千里修书只为墙，让人三尺又何妨。万里长城今犹在，不见当年秦始皇。"

张英家收到信后，深感愧疚，毫不迟疑地让三尺地基。邻居吴家知道后，觉得张家有权有势，却不仗势欺人，深感惭愧，于是也效仿张家向后退让三尺，便形成了一条六尺宽的巷道，六尺巷由此得名。

六尺巷的故事在中国家喻户晓，它表显了中华民族包容、礼让的美德。

中华民族优秀传统
文化故事读本《礼》

◎ 纪晓岚知错就改

纪晓岚是清代乾隆年间的著名学者，文学家，他主持编纂的《四库全书》是集中国历史文化之大成的千古巨著，此外，他的重要著作《阅微草堂笔记》也被成为与《聊斋志异》异曲同工的两大文学巨著。纪晓岚的成功与他小时候的勤奋学习是分不开的，在他小时候发生过不少趣事。

一天，小纪晓岚在上学之前跑到树上捉了一只小鸟，还捉弄了自己的随从来福。上学的路上还跟别人对对子，差点上学堂就迟到了。他把鸟儿放在教室外的一个墙壁里，他时不时的就往窗外望，先生看到了很不高兴，还要他上课要认真。

第二天小纪晓岚还是一样把鸟儿放在墙壁里，小纪晓岚在教室里读书，正好下起了大雨，还闪电，他担心鸟儿就想趁先生不注意偷偷溜出去，却被先生发现了。等到下课时间到了，他去看鸟儿怎么都找不到，看到墙上有一个猫嘴里留着羽毛不禁伤心了，鸟儿准是被猫给吃了，于是小纪晓岚伤心难过的回到了教室。这时先生正好让学生们上对子课，他先让小纪晓岚对，上联是"细雨家禽砖后死"，谁知小纪晓岚很生气的对出了"粗毛野兽石先生"。先生非常惊讶说他对得很好，每个字都对上了，小纪晓岚很奇怪，自己明明是骂先生为什么先生没有责骂他。先生突然拿出小纪晓岚捉到的那只鸟儿给他，并告诉他要是他能向以前那样好好学习，不贪玩的话，以后能对出更好的对子。小纪晓岚听后觉得很惭愧，并向先生认错，说以后再也不贪玩了，要好好学习。

从此，纪晓岚把全部精力都用在了学习上，后来终于成为一代大学问家，他对经学有深深的造诣，行通百家。

◎ 梁启超拜师

梁启超考中举人以后，但他并不满足已取得的成就，还是继续努力学习，在广州的学海堂继续读书。在学海堂中，有一个同学名叫陈千秋，是南海县西樵乡人，与梁启超非常要好，而且他还是学堂里的高材生。一天，他从外面回来，非常兴奋地对梁启超说："梁兄，我听说南海康有为先生上书皇帝请求变法，没有得到皇帝的同意，现在他刚巧从京师回来，我正想前往拜见他，他的学问是我与你所想象不到的。如果我们现在能找到一位好老师，那就太好了。"

这个消息大大地震动了求知欲极为旺盛的梁启超，他急切地恳求陈千秋说："陈兄，我也想见见这位康先生，你快带我去见见他吧"陈千秋爽快地应允了。

见到康有为后，梁启超便正式拜康有为为师。陈千秋、梁启超二人还共同请求康有为自己开学馆，于是康有为便在广州长兴里成立了"万木草堂"。

梁启超拜康有为为师，是举人拜秀才为师，这在历史上是罕见的。

◎ 梁启超礼对张之洞

话说梁启超去武汉讲学,礼节性地去拜访时任湖广总督的张之洞。

当时,张之洞还真有点看不起梁启超,总想难为他,便傲慢地出了个上联:四水江第一,四时夏第二,老夫居江夏,谁是第一谁是第二?这个上联出的是十分巧妙,江河湖海四水中江是排第一,春夏秋冬中夏是列第二,江夏是指武汉,谁是第一第二,分明是说我才是老大嘛。

但梁启超不愧为一代大儒,略一思索,口占一联:三教儒在前,三才人在后,小子本儒人,岂敢在前岂敢在后!真乃绝对,十分工整,不卑不亢。三教是指儒佛道,三才是说天地人,我不在你前也不在你后,与你平起平坐嘛。张之洞一看,厉害,算是我服了你,从此就改变了对梁启超的看法,还奉梁启超为上宾。

◎ 心平气和的刘铭传

　　清廷派驻台湾的总督刘铭传，是建设台湾的大功臣，台湾的第一条铁路便是他督促修的。刘铭传的被任用，有一则发人深省的小故事：当李鸿章将刘铭传推荐给曾国藩时，还一起推荐了另外两个书生。曾国藩为了测验他们三人中谁的品格最好，便故意约他们在某个时间到曾府去面谈。可是到了约定的时刻，曾国藩却故意不出面，让他们在客厅中等候，暗中却仔细观察他们的态度。只见其他两位都显得很不耐烦似的，不停地抱怨；只有刘铭传一个人安安静静、心平气和地欣赏墙上的字画。后来曾国藩考问他们客厅中的字画，只有刘铭传一人答得出来。结果刘铭传被推荐为台湾总督。没有耐性的人，必定缺乏坚毅持久、克服万难的精神，自然成就不了甚么伟大的事业。我们希望将来能有所作为，首先便须磨炼自己的耐心和毅力。

中华民族优秀传统
文化故事读本《礼》

◎ 孙中山最后的尊重

孙中山先生是中国资产阶级革命的先行者，被称为国父，他又是文明礼貌的楷模。孙中山认为：随地吐痰、留长指甲、不刷牙等陋习，都是违反文明礼貌的行为，是与我们中华民族的文明传统不相称的。他提倡"诚忠形外"，注意"一举一动之微"的文明。

有一天，孙中山先生病了，住院治疗。当时，孙中山已是大总统、大元帅了，对医务人员仍很尊重，讲话很谦逊。平时，无论是早晨或是晚间，每当接到护士送来的药品，他总是微笑着说声："谢谢您。"敬诚之意溢于言辞。1925年，孙中山患肝癌，弥留之际，当一位护理人员为他搬掉炕桌时，他安详地望着她，慈祥地说："谢谢您，您的工作太辛苦了，过后您应该好好休息休息，这阵子您太辛苦了。"听了这番话，在场的人都泣不成声。

世界上，工作只有分工不同，没有贵贱之分和等级差异，尊重每一个职业，平等地对待每一个人，孙中山做到了，尤其在他生命的最后日子里，他对护理人员的尊重，更突显了他伟大的人格、高尚的品德以及他那始终如一的悲悯情怀。

◎ 一、个人礼仪

（一）仪表

仪表是指人的容貌，是一个人精神面貌的外观体现。一个人的卫生习惯、服饰与形成和保持端庄、大方的仪表有着密切的关系。

1. 卫生：清洁卫生是仪容美的关键，是礼仪的基本要求。不管长相多好，服饰多华贵，若满脸污垢，浑身异味，那必然破坏一个人的美感。因此，每个人都应该养成良好的卫生习惯做到入睡起床洗脸、脚，早晚、饭后勤刷牙，经常洗头又洗澡，讲究梳理勤更衣。不要在人前"打扫个人卫生"。

比如剔牙齿、掏鼻孔、挖耳屎、修指甲、搓泥垢等，这些行为都应该避开他人进行，否则，不仅不雅观，也不尊重他人。与人谈话时应保持一定距离，声音不要太大，不要对人口沫四溅。

2. 服饰：服饰反映了一个人文化素质之高低，审美情趣之雅俗。具体说来，它既要自然得体，协调大方，又要遵守某种约定俗成的规范或原则。服装不但要与自己的具体条件相适应，还必须时刻注意客观环境、场合对人的着装要求，即着装打扮要优先考虑时间、地点和目的三大要素，并努力在穿着打扮的各方面与时间、地点、目的保持协调一致。

（二）言谈

言谈作为一门艺术，也是个人礼仪的一个重要组成部分。

1. 礼貌：态度要诚恳、亲切；声音大小要适宜，语调要平和沉稳；尊重他人。

2. 用语：敬语，表示尊敬和礼貌的词语。如日常使用的"请"、"谢谢"、"对不起"，第二人称中的"您"字等。初次见面为"久仰"；很久不见为"久违"；请人批评为"指教"；麻烦别人称"打扰"；求给方便为"借光"；托人办事为"拜托"等等。要努力养成使用敬语的习惯。现在，我国提倡的礼貌用语是十个字："您好"、"请"、"谢谢"、"对不起"、"再见"。这十个字体现了说话文明的基本的语言形式。

（三）仪态举止

1. 谈话姿势：谈话的姿势往往反映出一个人的性格、修养和文明素质。所以，交谈时，首先双方要互相正视、互相倾听，不能东张西望、看书看报、面带倦容、哈欠连天。否则，会给人心不在焉、傲慢无理等不礼貌的印象。

2. 站姿：站立是人最基本的姿势，是一种静态的美。站立时，身体应与地面垂直，重心放在两个前脚掌上，挺胸、收腹、收颁、抬头、双肩放松。双臂自然下垂或在体前交叉，眼睛平视，面带笑容。站立时不要歪脖、斜腰、曲腿等，在一些正式场合不宜将手插在裤袋里或交叉在胸前，更不要下意识地做些小动作，那样不但显得拘谨，给人缺乏自信之感，而且也有失仪态的庄重。

3. 坐姿：坐，也是一种静态造型。端庄优美的坐，会给人以文雅、稳重、自然大方的美感。正确的坐姿应该：腰背挺直，肩放松。女性应两膝并拢；男性膝部可分开一些，但不要过大，一般不超过肩宽。双手自然放在膝盖上或椅子扶手上。在正式场合，入座时要轻柔和缓，起座要端庄稳重，不可猛起猛坐，弄得桌椅乱响，造成尴尬气氛。不论何种坐姿，上身都要保持端正，如古人所言的"坐如钟"。若坚持这一点，那么不管怎样变换身体的姿态，都会优美、自然。

4．走姿：行走是人生活中的主要动作，走姿是一种动态的美。"行如风"就是用风行水上来形容轻快自然的步。正确的走姿是：轻而稳，胸要挺，头要抬，肩放松，两眼平视，面带微笑，自然摆臂。

◎二、公共礼仪

（一）特定公共场所礼仪

1. 影剧院：观众应尽早入座。如果自己的座位在中间，应当有礼貌地向已就座者示意，请其让自己通过。通过让座者时要与之正面相对，切勿让自己的臀部正对着人家的脸，这是很失礼的。应注意衣着整洁，即使天气炎热，袒胸露腹也是不雅观的。在影剧院万不可大呼小叫，笑语喧哗，也不可把影院当成小吃店大吃大喝。演出结束后观众应有秩序地离开，不要推搡。

2. 图书馆、阅览室：图书馆、阅览室是公共的学习场所。

（1）要注意整洁，遵守规则。不能穿汗衫和拖鞋入内。就座时，不要为别人预占位置。查阅目录卡片时，不可把卡片翻乱或撕坏，或用笔在卡片上涂抹划线。

（2）要保持安静和卫生。走动时脚步要轻，不要高声谈话，不要吃有声或带有果壳的食物。

（3）图书馆、阅览室的图书桌椅板凳等都属于公共财产，应该注意爱护，不要随意刻画，破坏。

（二）乘车礼仪

1. 骑自行车：要严格遵守交通规则。不闯红灯，骑车时不撑雨伞，不互相追逐或曲折竞驶，不骑车带人。遇到老弱病残者动作迟缓，要给予谅解，主动礼让。

2. 乘火车、轮船：在候车室、候船室里，要保持安静，不要大声喊叫。上车、登船时要依次排队，不要乱挤乱撞。在车厢、轮船里，不要随地吐痰，不要乱丢纸屑果皮，也不要让小孩随地大小便。

3. 乘公共汽车：车到站时应依次排队，对妇女、儿童、老年人及病残者要照顾谦让。上车后不要抢占座位，更不要把物品放到座位上替别人占座。遇到老弱病残孕及怀抱婴儿的乘客应主动让座。

（三）旅游观光礼仪

1. 游览观光：凡旅游观光者应爱护旅游观光地区的公共财物。对公共建筑、设施和文物古迹，甚至花草树木，都不能随意破坏；不能在柱、墙、碑等建筑物上乱写、乱画、乱刻；不要随地吐痰、随地大小便、污染环境；不要乱扔果皮纸屑、杂物。

2. 宾馆住宿：旅客在任何宾馆居住都不要在房间里大声喧哗，以免影响其他客人。对服务员要以礼相待，对他们所提供的服务表示感谢。

3. 饭店进餐：尊重服务员的劳动，对服务员应谦和有礼，当服务员忙不过来时，应耐心等待，不可敲击桌碗或喊叫。对于服务员工作上的失误，要善意提出，不可冷言冷语，加以讽刺。

◎ 三、见面礼仪

1. 握手礼：握手是一种沟通思想、交流感情、增进友谊的重要方式。与他人握手时，目光注视对方，微笑致意，不可心不在焉、左顾右盼，不可戴帽子和手套与人握手。在正常情况下，握手的时间不宜超过3秒，必须站立握手，以示对他人的尊重、礼貌。握手也讲究一定的顺序：一般讲究"尊者决定"，即待女士、长辈、已婚者、职位高者伸之后，男士、晚辈、未婚者、职位低者方可伸出手去呼应。若一个人要与许多人握手，那么有礼貌的顺序是：先长辈后晚辈，先主人后客人，先上级后下级，先女士后男士。

2. 鞠躬礼：鞠躬，意即弯身行礼，是对他人敬佩的一种礼节方式。鞠躬前双眼礼貌地注视对方，以表尊重的诚意。鞠躬时必须立正、脱帽，郑重地，嘴里不能吃任何东西，或是边鞠躬边说与行礼无关的话。

3. 致意：致意是一种不出声的问候礼节，常用于相识的人在社交场合打招呼。在社交场合里，人们往往采用招手致意、欠身致意、脱帽致意等形式来表达友善之意。

4. 递物与接物：递物与接物是生活中常用的一种举止。礼仪的基本要求就是尊重他人。因此，递物时须用双手，表示对对方的尊重。例如递交名片：双方经介绍相识后，常要互相交换名片。递交名片时，应用双手恭敬地递上，且名片的正面应对着对方。在接受他人名片时也应恭敬地用双手捧接。接过名片后要仔细看一遍或有意识地读一下名片的内容，不可接过名片后看都不看就塞入口袋，或到处乱扔。

5. 拜访：拜访前要相邀，事前与被访者电话联系，自报姓名、询问被访者是否在家是否有时间或何时有时间、

提出访问的内容（有事相访或礼节性拜访）使对方有所准备。在对方同意的情况下定下具体拜访的时间、地点。注意要避开吃饭和休息、特别是午睡的时间。最后，对对方表示感谢。拜访中要守时守约、敲门力度适中。如果主人是年长者或上级，主人不坐，自己不能先坐。主人让座之后，要口称"谢谢"，然后采用规矩的礼仪坐姿坐下。主人递上烟茶要双手接过并表示谢意。如果主人没有吸烟的习惯，要克制自己的烟瘾，尽量不吸，以示对主人习惯的尊重。主人献上果品，要等年长者或其他客人动手后，自己再取用。即使在最熟悉的朋友家里，也不要过于随便。跟主人谈话，语言要客气。谈话时间不宜过长。起身告辞时，要向主人表示："打扰"之歉意。出门后，回身主动伸手与主人握别，说："请留步"。待主人留步后，走几步，再回首挥手致意："再见"。

◎ 四、涉外礼仪

在国际交际中,礼宾是一项很重要的工作,许多外事活动,往往是通过各种交际礼宾活动进行的。一般来说,各种交际活动,国际上都有一定惯例,但各国往往又根据本国的特点和风俗习惯,有自己独特的做法,我们在对外交往中除应发扬我国礼仪之邦的优良传统,注意礼貌、礼节之外,还应尊重各国、各民族的风俗习惯,了解它们不同的礼节、礼貌的作法,从而使得我们在对外活动中真正做到不卑不亢,以礼相待。

1. 举止:在外事活动中,举止要落落大方、端庄稳重,表情要自然诚恳、和蔼可亲,不能不拘小节。站时,身体不要东歪西靠,不要斜靠在桌面或倚靠;坐时,姿势要端正,不要翘脚、摇腿,也不要显出懒散的样子,女同志不要支开双腿;走时,脚步要轻,如遇急事可加快脚步,但不要慌张奔跑;说话时,手势不要过多,也不要放声大笑或高声喊人。

2. 谈吐:在与外宾交谈时,表情要自然,态度要诚恳,用语要文明,表达要得体。别人在与他人个别交谈时,不要凑前旁听。若有事需与某人谈话,应待别人说完。交谈中若有急事而要离开时,应向对方打招呼,表示歉意。在与外宾交谈时,不要打听对方的年龄、履历、婚姻、薪金、衣饰价格等私人生活方面的情况。同外国人交谈,最好选择喜闻乐道的话题,诸如体育比赛、文艺演出、电影电视、风光名胜、旅游度假、烹饪小吃等,大家都会感兴趣。这类话题使人轻松愉快,能受到普遍欢迎。如果外国人主动谈起我们不熟悉的话题,应该洗耳恭听,认真请教,千万不要不懂装懂,更不要主动同外国人谈论自己一知半解的话题。

◎ 五、文明上网礼仪

1. 记住人的存在

互联网给予来自五湖四海人们一个共同的地方聚集，这是高科技的优点但往往也使得我们面对着电脑银屏忘了我们是在跟其他人打交道，我们的行为也因此容易变得更粗劣和无礼。因此《网络礼节》第一条就是"记住人的存在"。如果你当着面不会说的话在网上也不要说。

2. 网上网下行为一致

在现实生活中大多数人都是尊法守纪，同样地在网上也同样如此。网上的道德和法律与现实生活是相同的，不要以为在网上与电脑交易就可以降低道德标准。

3. 入乡随俗

同样是网站，不同的论坛有不同的规则。在一个论坛可以做的事情在另一个论坛可能不易做。比方说在聊天室打哈哈发布传言和在一个新闻论坛散布传言是不同的。最好的建议：先爬一会儿墙头再发言，这样你可以知道坛子的气氛和可以接受的行为。

4. 尊重别人的时间和带宽

在提问题以前，先自己花些时间去搜索和研究。很有可能同样问题以前已经问过多次，现成的答案随手可及。不要以自我为中心，别人为你寻找答案需要消耗时间和资源。

5. 给自己网上留个好印象

因为网络的匿名性质，别人无法从你的外观来判断，因此你一言一语成为别人对你印象的唯一判断。如果你对某个方面不是很熟悉，找几本书看看再开口，无的放矢只能落个灌水王帽子。同样地，发帖以前仔细检查语法和用词。不要故意挑衅和使用脏话。

6. 分享你的知识

除了回答问题以外，这还包括当你提了一个有意思的问题而得到很多回答，特别是通过电子邮件得到的以后你应该写份总结与大家分享。

7. 平心静气地争论

争论与大战是正常的现象。要以理服人，不要人身攻击。

8. 尊重他人的隐私

别人与你用电子邮件或私聊（ICQ/QQ）的记录应该是隐私一部分。如果你认识某个人用笔名上网，在论坛未经同意将他的真名公开也不是一个好的行为。如果不小心看到别人打开电脑上的电子邮件或秘密，你不应该到处广播。

9. 不要滥用权利

管理员版主比其他用户有更多权利，他们应该珍惜使用这些权利。游戏室内的高手应该对新手枪下留情。

10. 宽容

我们都曾经是新手，都会有犯错误的时候。当看到别人写错字，用错词，问一个低级问题或者写篇没必要的长篇大论时，你不要在意。如果你真的想给他建议，最好用电子邮件私下提议，人都是爱面子的。

◎ 六、接电话的礼仪

1. 及时接听

大部门的电话,都是有事而来。所以,不应该让打电话的人久等。一般应该在电话铃响三声之内接听电话。但要避免在电话刚刚响起就接电话,过于促然可能会让对方吓一跳。

如果是工作电话,在电话铃响三声之后才接听的话,首先要说声:"对不起,让您久等了!"

2. 谦和应对

拿起话筒后,首先向打电话的人问好,以"您好!"、"你好"开头。这样一是出于礼貌,二是为了说明有人在接听。不要以"喂字开头",因为"喂"表示希望先知道对方是谁,在等着对方告诉你。而且,如果"喂"时语气不好,容易让人反感。如果对方首先问好,就要立即问候对方。

如果是办公电话,除了问好外,还要自报家门。自报家门,是为了告诉对方,这里是哪个单位或是哪个部门或是具体哪一位工作人员。

通话的时候,不应该心不在焉,更不要把话筒放在一旁,任其"自言自语"。在通话过程中,对对方的态度要谦恭友好。

接到误拨的电话,需要耐心、简短地向对方说明。如有可能们还要给对方提供必要的帮助,或者为其代转电话,不要生气动怒,甚至口出伤人。

3. 主次分明

要暂时放下手中的事情再接电话。如果正在和别人谈话，要示意自己接电话，一会儿再说，并在接完电话后向对方道歉。同时也不要让打电话的人感到"电话打得不是时候"。但如果手头的事情确实非常重要，就要向来电者说明原因，表示歉意，并约一个时间主动打过去。

4. 代接电话

即使是代接电话，也要礼貌、客气、不要流露出不耐烦的态度，不应拒绝对方代找某人的请求，尤其不要对对方多要找的人口有微辞。

不要向来电者询问与所找之人的关系。当打电话的人有求于己，希望转达某事给某人的时候，转达要诚实守信、不曲解内容，而且没必要对不相干的人提及。

如果要找的人不在，要先向来电者说明，再问对方需不需要帮忙转达。对于来电者要求转达的具体内容，最好认真做下笔录。在对方讲完之后，还要重复一遍，以验证自己的记录是否准确无误。记录内容应包括：来电者姓名、来电要点、来电时间、是否需要回电话等。

5. 注意结束

通话终止的时候，不要忘记向对方说声"再见"。如通话因故暂时中断后，要等待对方再打进来。如果对方的身份比自己高，还应该主动打过去。

对于接听的电话，可以让对方先挂电话以示尊重。

◎ 日常生活礼貌细节

行走之礼——在行走过程中同样注意人际关系的处理，因此有行走的礼节。古代常行"趋礼"，即地位低的人在地位高的人面前走过时，一定要低头弯腰，以小步快走的方式对尊者表示礼敬，这就是"趋礼"。传统行走礼仪中，还有"行不中道，立不中门"的原则，即走路不可走在路中间，应该靠边行走；站立不可站在门中间。这样既表示对尊者的礼敬，又可避让行人。

见面之礼——人们日常见面既要态度热情，也要彬彬有礼。如何与不同身份的人相见，都有一定的规矩。比如一般性的打招呼，在传统上行拱手礼。拱手礼是最普通的见面礼仪，方式是双手合抱（一般是右手握拳在内，左手加于右手之上）举至胸前，立而不俯，表示一般性的客套。如果到人家做客，在进门与落座时，主客相互客气行礼谦让，这时行的是作揖之礼，称为"揖让"。作揖同样是两手抱拳，拱起再按下去，同时低头，上身略向前屈。作揖礼在日常生活中为常见礼仪，除了上述社交场合外，向人致谢、祝贺、道歉及托人办事等也常行作揖礼。身份高的人对身份低人的回礼也常行作揖礼。传统社会对至尊者还有跪拜礼，即双膝着地，头手有节奏触地叩拜，即所谓叩首。现今跪拜礼只在偏远乡村的拜年活动能够见到，一般不再施行。在当今社会人们相见，一般习用西方社会传入的握手礼。

入坐之礼——传统社会礼仪秩序井然，坐席亦有主次尊卑之分，尊者上坐，卑者末坐。何种身份坐何位置都有一定之规，如果盲目坐错席位，不仅主人不爽，自己事后也会为失礼之事追悔莫及。如果自己不能把握坐何种席次，最好的办法是听从主人安排。室内座次以东向为尊，即贵

客坐西席上,主人一般在东席上作陪。年长者可安排在南向的位置,即北席。陪酒的晚辈一般在北向的位置,即南席。入坐的规矩是,饮食时人体尽量靠近食案,非饮食时,身体尽量靠后,所谓"虚坐尽后"。有贵客光临,应该立刻起身致意。

饮食之礼——饮食礼仪在中国文化中占有极重要的位置,在先秦人们以"以飨燕之礼亲四方宾客",后代聚餐会饮也常常是一幕幕礼仪活剧。迎宾的宴饮称为"接风"、"洗尘",送客的宴席称为"饯行"。宴饮之礼无论迎送都离不开酒品,"无酒不成礼仪"。宴席上饮酒有许多礼节,客人需待主人举杯劝饮之后,方可饮用。所谓:"与人同饮,莫先起觞"。客人如果要表达对主人的盛情款待的谢意,也可在宴饮的中间举杯向主人敬酒。在进食过程中,同样先有主人执筷劝食,客人方可动筷。所谓:"与人共食,慎莫先尝"。古代还有一列进食规则,如"当食不叹"、"共食不饱、共饭不泽手"、"毋投骨于狗"等,主客相互敬重,营造和谐进食、文明进食的良好氛围。

拜贺庆吊之礼——中国自古是一个人情社会,人们相互关怀、相互体恤,在拜贺庆吊中有许多仪礼俗规。拜贺礼一般行于节庆期间,是晚辈或低级地位的人向尊长的礼敬,同辈之间也有相互的拜贺。如古代元旦官员朝贺,民间新年拜年之礼。行拜贺礼时,不仅态度恭敬,口诵贺词,俯首叩拜,同时也得有贺礼奉上。庆吊之礼,主要行于人生大事中。人的一生要经历诞生、成年、婚嫁、寿庆、死亡等若干阶段,围绕着这些人生节点,形成了一系列人生礼仪。子孙繁衍是家族大事,诞生礼自然隆重热闹。婴儿满月时,亲戚朋友纷纷上门恭贺,并馈赠营养食品与幼儿鞋帽衣物。小孩长大成人时要行成年礼,成年礼在中国传统社会称为冠笄之礼。男子20岁行加冠礼,重新取一个名号,表示该男子具有了结婚、承担社事务的资格。女子15

岁行绾发加笄礼，表示到了出嫁的年龄。现代成年礼的年龄在18周岁，学校举行集体的成年宣誓仪式，强调青年人的成年意识。婚嫁是人生的大事，传统社会十分看重。传统婚礼有六道程序，所谓"周公六礼"，即纳采、问名、纳吉、纳征、请期、亲迎等。宋代简化为纳采、纳币、亲迎三礼。婚礼的高潮在亲迎，新郎要到女家亲自迎娶新娘，新婚夫妇拜堂之后入洞房，行结发礼与合卺礼。大婚之日，亲友纷纷前来恭贺，主人要大宴宾客。寿诞礼，一般在四十岁以后开始举行。生日那天有庆生仪式，亲友送寿礼致贺。最后一道人生仪礼是丧礼，谁也逃脱不了。中国人重视送亡，丧礼发达。人死于正命，是白喜事。亲戚朋友都来吊唁热闹。为了表示哀悼心情，人们要奉上挽联、挽幛或礼品、礼金。亡者一般在三五天内入殓安葬。拜贺庆吊之礼显示了人们相互扶助的社会合作精神与社会团结的气象。

  中国人的礼制精神是亲亲爱人，礼仪原则是自卑尊人。在与人交往时要放低姿态，谦恭待人、尊重他人，以赢得他人的尊重。如果地位高的人屈尊结交比他地位低的人会得到很好的社会效果，"若要好，大敬小"。并且敬人不仅是礼貌的姿态，或仅为礼仪性的表示，而是要有发自内心的对他人的尊重。如果没有发自内心的恭敬，礼节就成为了虚套，这就不符合传统的礼义标准。传统礼俗中诚敬谦让，和众修身的礼义原则在当代社会仍然值得提倡。当然现在我们对传统礼俗的继承是一个复杂问题，需认真辨析，择善而从。

◎ 礼字成语

1. 礼崩乐坏：是对东周时期典章制度逐渐被废弃的一种形象描述，指周代封建制度的规章制度遭到极大的破坏。寓意社会制度和文化秩序遭遇重大变局，亟需内圣外王之人改进。礼在中国古代是社会的典章制度和道德规范，乐坏享受靡靡之音。出自《论语·阳货》"三年之丧，期已久矣。君子三年不为礼，礼必坏；三年不为乐，乐必崩"。

2. 礼不亲授：授：给予。古代认为男女之间不能亲手相授受。出自南朝·宋·范晔《后汉书·董祀妻传》："妾闻男女之别，礼不亲授。"

3. 礼不嫌菲：不因为礼物菲薄而不讲求礼节。出自清·翟灏《通俗编·仪节》，"《礼坊记》：君子不以礼菲废礼。

4. 礼度委蛇：礼度：礼数；委蛇：庄重而从容自得的样子。比喻彬彬有礼，不卑不亢。出自元·无名氏《隔江斗智》第二折："一个个精神抖擞，一个个礼度委蛇。"

5. 礼多人不怪：对人多行礼仪，人不会怪罪。意谓礼节还是不可欠缺。出自清·李宝嘉（1806—1906年）《官场现形记》第31回："横竖'礼多人不怪'，多作两个揖算得什么！"

6. 礼烦则不庄：礼仪烦杂反而显得轻浮、不庄重。出自《吕氏春秋·适威》："礼烦则不庄，业烦则无功。"

7. 礼烦则乱：礼仪繁琐势必导致混乱。出自《尚书·说命中》："黩于祭祀，时谓弗钦。礼烦则乱，事神则难。"

8. 礼禁未然：旧时指以礼教化人民，防范邪恶的事情发生。出自《史记·太史公自序》："夫礼禁未然之前，法施已然之后，法之所为用者易见，而礼之所为禁者难知。"

9. 礼乐刑政：指礼法、乐教、刑罚以及各项政令等。出自宋·王安石《上皇帝万言书》："朝廷礼乐刑政之事，未尝在于学。学者亦漠然自以为礼乐刑政为有司之事，而非己所当知也。"

10. 礼门义路：指"义"好比是大路，"礼"好比是门，只有君子才能从这条大路行走，由这扇门出入。出自《孟子·万章下》："夫义，路也；礼：门也。惟君子能由是路，出入是门也。"

11. 礼轻情意重：礼物虽然很轻，但情意却很深厚。出自元·李致远《还牢末》："兄弟，拜义如亲，礼轻义重，笑纳为幸。"

12. 礼轻人意重：礼物虽然很轻，但人的情意却很深厚。出自元·李致远《还牢末》："兄弟，拜义如亲，礼轻义重，笑纳为幸。"

13. 礼轻义重：礼物虽然很轻，但情意却很深厚。出自元·李致远《还牢末》："兄弟，拜义如亲，礼轻义重，笑纳为幸。"

14. 礼让为国：治理。以礼所提倡的谦让精神治理国家。出自《论语·里仁》："能以礼让为国乎？何有。不能以礼让为国，如礼何？"

15. 礼尚往来：尚：注重。在礼节上要注重有来有往。后也指你对我怎么样；我对你就怎么样。出自宋·胡寅《斐然集》："礼尚往来思报玖；情深吸引屡抛砖。"

16. 礼奢宁俭：解释：礼义过多而烦杂，不如俭约些。出处：语出《论语·八佾》："林放问礼之本。子曰：大哉问。礼，与其奢也，宁俭。"

17. 礼奢宁简：指礼过多而苛烦，不如俭约些。出自《论语·八佾》："林放问礼之本。子曰：'大哉问。礼，与其奢宁俭。'"

18. 礼胜则离：指礼节过分，亲属也显得疏远了。出自《礼记·学记》："乐者为同，礼者为异。同则相亲，异则相敬。乐胜则流，礼胜则离。"

19. 礼失则昏：失去礼义就必然导致昏乱。出自《史记·孔子世家》："夫子之言曰：'礼失则昏，名失则愆。失志为昏，失所为愆。'"

20. 礼士亲贤：尊敬亲近有才有德的人。出自明·无名氏《东篱赏菊》第三折："礼士亲贤急访求，卑辞枉驾会儒流。"

21. 礼顺人情：指礼是顺乎人之常情，人与人共处必须遵守的规范。出自晋·阮侃《释难宅无吉凶摄生论》周公有请命之事，仲尼非子路之祷。今钧圣而钧疾，何事不同也？故知臣子之情，尽斯心而已。所谓礼为情貌者耳。

22. 礼为情貌：意谓一个人的礼仪容止为内心的显现。情，情意；貌，容仪。貌和情互为表里。出自《韩非子·解老》："礼为情貌者也，文为质饰者也。"

23. 礼无不答：解释：礼：礼数。一方以礼相待，另一方不能不以礼相报。亦指不受他人之礼，必以报答。出自《礼记·燕义》："君举旅于宾，及君所赐爵，皆降再拜稽首，升成拜，明臣礼也。君答拜之，礼无不答，明君上之礼也。"

24. 礼下于人，将有所求：礼：礼物；求：请求。送礼物给人，一定是对人有所求助。出自《左传·昭公二十五年》："将求于人，则先下之。礼之善物也。"

25. 礼贤接士：对有才有德的人以礼相待去结交或接纳。出自宋王谠《唐语林政事》："三年为蜀帅，惠化大行，不事威仪，礼贤接士。"

26. 礼贤下士：对有才有德的人以礼相待，对一般有才能的人不计自己的身份去结交。《新唐书·李勉传》："其在朝廷，鲠亮廉介，这宗臣表，礼贤下士有始终，尝引李巡、张参在幕府。"

27. 礼贤远佞：敬重有才德的人，疏远巧言献媚的人。出自明·冯梦龙《东周列国志》第五十回："其时列国离心，万民嗟怨，赵盾等屡屡进谏，劝灵公礼贤远佞，勤政亲民，灵公如瑱充耳，全然不听，反有疑忌之意。"

28. 礼仪之邦：礼仪：礼节和仪式；邦：国家。指讲究礼节和仪式的国家。出自章诒和《往事并不如烟·最后的贵族》："中国自古是礼仪之邦，现在却连同城而居的好朋友都不能见面，还美其名曰文化大革命，一点文化也没有。"

29. 礼义廉耻：汉语成语，意思是指社会的道德标准和行为规范。出自《管子·牧民》："何谓四维？一曰礼；二曰义；三曰廉；四曰耻。"

30. 礼义生富足：旧时指人民富足后就必然讲求礼义。出自《管子·牧民》："衣食足而知礼节。"

31. 爱礼存羊：由于爱惜古礼，不忍使它废弛，因而保留古礼所需要的祭羊。比喻为维护根本而保留有关仪节。出自先秦·孔子《论语·八佾》："子贡欲去告朔之饩羊，子曰：'赐也，尔爱其羊，我爱其。'"

32. 卑礼厚币：卑礼：谦恭的礼节；厚币：厚重的币帛。比喻聘请人员的郑重殷切。出自西汉·司马迁《史记·魏世家》："惠王数败于军旅，卑礼厚币，以招贤者。"

33. 等礼相亢：犹言分庭抗礼。以平等之礼相待。出自汉·刘向《说苑·君道》："今王将东面，目指气使以求臣，则厮役之材至矣；南面听朝，不失揖让之礼以求臣，则人臣之材至矣；西面等礼相亢，下之以色，不乘势以求臣，则朋友之材至矣。"

34. 顶礼膜拜：比喻：崇拜得五体投地。顶礼、膜拜均为佛教徒最尊敬的跪拜礼节。成语出自于《荡寇志》"又添一个青年女子，顶礼膜拜，行状举止，仿佛慧娘。"

35. 恩礼有加：恩礼：指帝王厚待臣下。帝王以恩德与礼遇厚待臣下。引申指很有礼地对待下属。出自《后汉书·鲁恭传》："迁侍中，数召宴见，问以得失，赏赐恩礼宠异焉。"

36. 繁礼多仪：仪式太多，形容过分地讲究排场。出自明·罗贯中《三国演义》第18回："绍繁礼多仪，公体任自然，此道胜也。"

37. 复礼克己：克：克制，约束；克己：约束自己。指约束自我，使言行合乎先王之礼。出自《晋书-李充传》："室有善言，应在千里，况乎行止，复礼克己。"

38. 厚礼卑辞：丰厚的礼品，谦卑的言辞。出自元·高文秀《襄阳会》楔子："我本待要养性修真避世尘，今日个厚礼卑辞征聘紧。"

39. 季礼挂剑：季礼：春秋时吴国人，重信义。比喻重信义的美德。出自《史记·吴太伯世家》："还至徐，徐君已死。于是乃解其宝剑，系之徐君冢树而去。从者曰：'徐君已死，尚谁予乎？'季子曰：'不然。始吾心已许之，岂以死倍吾心哉！'"

40. 暮礼晨参：指早晚参拜。出自元·郑光祖《梅香》第一折："从今日起，那有心弹琴讲书，只索每日晨参暮礼，将此香囊供养者。"

41. 情礼兼到：情感和礼节同时表露出来。形容真诚有理。晋·袁宏《三国名臣赞》："敬爱既同，情理兼到。"

42. 让礼一寸，得礼一尺：比喻以礼相让，事虽微而获益必大。出自《太平御览》卷四二四引三国魏曹操《礼让令》："里谚曰：'让礼一寸，得礼一尺。'"

43. 缛礼烦仪：指烦琐的礼仪。成语出处明·唐顺之《与王尧衢书》："其于尘俗奔走、缛礼烦仪之事，既以其溷扰而独避。

44. 诗礼传家：释义：指以儒家经典及其道德规范世代相传。出自元·柯丹丘《荆钗记·会讲》："诗礼传家忝儒裔，先君不幸早倾逝。"

45. 诗礼发冢：一边念着《诗经》、《周礼》，一边去挖坟盗墓，用以讽刺口是心非、言行不一的伪君子作风。出自《庄子·外物》："儒以诗礼发冢。"

46. 诗礼人家：世代读书以传统封建礼教为行为准则的人家。出自明·兰陵笑笑生《金瓶梅》第七回："他是诗礼人家，又有庄田地土，颇过得日子。"

47. 诗礼簪缨：指书香门第、官宦之家。出自曹雪芹《红楼梦》然后携你到那昌明隆盛之邦，诗礼簪缨之族，花柳繁华地，温柔富贵乡去安身乐业。

48. 诗礼之家：释义诗：指《诗经》；礼：指《周祀》、《仪礼》、《礼记》。旧指世代读书讲究礼教的人家。出自明·郎英《七修类稿》卷十六："因仍苟且，多为惜财之小而忘大义，奈何诗礼之家亦如此是耶！"

49. 诗礼之训：指子女遵从父母的教诲。出自先秦·孔子《论语·季氏》："曰：'学《诗》乎？'对曰：'未也。'……曰：'学《礼》乎？'对曰：'未也。'"

50. 识礼知书：懂得礼仪，熟知诗书。出自《野叟曝言》第五八回："此乃罪臣家属，籍没入官，姓木名难儿，温柔贤淑，识礼知书，兼通数学。"

51. 殊礼异务：殊、异：不同；礼：礼俗；务：事情。指不同的礼俗和情况。《史记·秦楚之际月表》："帝王者，各殊礼异务，要以成功为统记，岂可绲乎？"

52. 先礼后兵：先按通常的礼节同对方交涉，如果行不通，再用武力或其他强硬手段解决。出自明·罗贯中《三国演义》："刘备远来救援；先礼后兵；主公当用好言答之；以慢备心；然后进兵攻城；城可破也。"

53. 以礼相待：解释用应有的礼节接待。出处明·施耐庵《水浒全传》第八十九回："赵枢密留住褚坚，以礼相待。"

54. 长斋礼佛：长斋：终年吃素。吃长斋于佛像之前。形容修行信佛。出处唐·杜甫《饮中八仙歌》："苏晋长斋绣佛前，醉中往往爱逃禅。"

55. 鹅存礼废：指古代礼节形式已经消亡，仅存食物。出自清·文康《儿女英雄传》第27回："如今却把这奠雁的古制化雅为俗，差个家人送来，叫作通信，这就叫做鹅存礼废"。

56. 焚香礼拜：焚香：点燃香火。礼拜：向尊敬的人或神灵行礼跪拜。烧香跪拜，以表尊敬服从之意。出自明·罗贯中《三国演义》第六十回："却说玄德前军……所到之处，秋毫无犯，百姓扶老携幼，满路瞻观，焚香礼拜。"

57. 家长礼短：指家庭日常生活琐事。同"家长里短"。出处：《西游记》第四二回："他问我甚么家长礼短，少米无柴的话说，我也好信口捏脓答他。

58. 敬贤礼士：意思是指尊重品德高尚、学识出众的人。这个成语出自于《晋书·张轨传》："实子安逊，学尚明察，敬贤爱士。"

59. 磕头礼拜：磕头：旧时礼节，跪在地上头碰地。礼拜：向尊敬的人或神行礼。恭敬地跪在地上叩头行礼。出自元·无名氏《小张屠》第三折："你只望着大安州磕头礼拜。"

60. 夔龙礼乐：夔龙：虞舜的两个大臣，夔为乐官，龙为谏官。指可以作为规范的礼乐制度。出自明·无名氏《鸣凤记·邹林游学》："夔龙礼乐承先范，班马文章勘墨铅。"

61. 人恶礼不恶：恶：凶恶。指对方为人虽然凶恶，但对他也不能不讲礼貌。出自元·郑德辉《王粲登楼》第一折："贤士，常言道人恶礼不恶，还辞一辞老丞相。"

62. 仁义礼智：儒家的伦理思想仁：仁爱；义：忠义；礼：礼仪；智：见识。遵守仁爱、忠信、礼仪并勤学

以增见识等伦理规范。出自《孟子·公孙丑章句》"恻隐之心，仁之端也；羞恶之心，义之端也；辞让之心，礼之端也；是非之心，智之端也。人之有是四端也，犹其有四体也。"

63. 烧香礼拜：敬奉神佛的一种仪式。出自《晋书·佛图澄传》："王度疏断，汉人悉不听，诣寺烧香礼拜以遵典礼。"

64. 诗书礼乐：六代儒家六经的名称，即《诗经》、《尚书》、《周礼》、《仪礼》、《礼记》、《乐经》。

65. 衣冠礼乐：指各种等级的穿戴服饰及各种礼仪规范。指封建社会中各种典章礼仪。出自南朝·梁·任昉《策秀才文》："何者？百王之敝，齐季斯甚。衣冠礼乐，扫地无余。"

66. 折节礼士：指屈己待人。同"折节待士"。出自《明史·张居正传》："时徐阶以宿老居首辅，与李春芳皆折节礼士。"

67. 傲慢少礼：态度傲慢，对人不讲礼节。明·罗贯中《三国演义》第53回："自襄阳赶刘玄德不着，来投韩玄；玄怪其傲慢少礼，不肯重用，故屈沉于此。"

68. 傲慢无礼：态度傲慢，对人不讲礼节。出自《三国志·吴志·三嗣主传》裴松之注引孙皓侍中李仁之言："视人君相忤，是乃祀所谓傲慢；傲慢则无礼，无礼则不臣，不臣则犯罪，犯罪则陷不测矣。"

69. 卑辞厚礼：释义：指言辞谦恭，礼物丰厚。参见"卑辞重币"。出处《后汉书·许劭传》："曹操微时，常卑辞厚礼求为己目。"

70. 彬彬有礼：彬彬：原为文采与质朴兼备貌。形容文雅而有礼貌。出自清·李汝珍《镜花缘》第八十三回："唤出他两个儿子；兄先弟后；彬彬有礼。"

71. 博文约礼：广求学问，恪守礼法。出处先秦·孔子《论语·雍也》："君子博学于文，约之以礼，亦可以弗……"

72. 朝参暮礼：参：参拜；礼：表敬意。早晚参拜。形容态度虔诚。金·中峰禅师《怀净土诗》六十四："朝参暮礼效精勤，金沼莲胎入梦频……"

73. 晨参暮礼：指早晚参拜。出自元·郑光祖《㑇梅香》第一折："从今日起，那有心弹琴讲书，只索每日晨参暮礼，将此香囊供养者。"

74. 导德齐礼：指用道德诱导，用礼教整顿，让百姓归服。出自先秦·孔子《论语·为政》："道之以德，齐之以礼，有耻且格。"

75. 敦诗说礼：敦厚。诗：《诗经》。诚恳地学《诗》，大力讲《礼》。旧时统治阶级表示要按照《诗经》温柔敦厚的精神和古礼的规定办事。出自许地山《在费总理的客厅里》："假使人来查办，一领他们到这敦诗说礼之堂来看看。"

76. 多行无礼必自及：行：做；自及：轮到自己头上。无礼的事做多了，必然会殃及到自己头上。《左传·襄公四年》："君子曰：志所谓多行无礼必自及也，其是之谓乎。"

77. 额手加礼：表示敬意。出自章炳麟《与上海国民党函》："外人之额手加礼者，今且相与鄙夷。"

78. 烦文缛礼：成语释义：繁琐而不必要的礼节。出自《朱子语类》卷二四："秦之所谓损益，亦见得周末许多烦文缛礼如此，故直要损其太过，益其欠处，只是损益得太甚。"

79. 繁文缛礼：谓繁琐的仪式或礼节，亦比喻其他繁琐多馀的事项。出自唐元稹《王永太常博士制》："朕明年有事於南郊，谒清宫，朝太庙，繁文缛礼，予心懵然。"

80. 分庭抗礼：释义：原指宾主相见，分站在庭的两

边，相对行礼。现比喻平起平坐，彼此对等的关系。出自《庄子·渔父》："万乘之主，千乘之君，见夫子未尝不分庭伉礼。"

81. 焚香顶礼：释义：犹焚香礼拜。出自《西湖佳话·六桥才迹》："那杭州百姓，前番受过他的恩惠，今又听得他来，不胜欢喜，大家都打点焚香顶礼远接。"

82. 富而好礼：富庶而有讲礼教。指虽很富有但不骄纵无礼。出自《论语·学而》："子贡曰：'贫而无谄，富而无骄，何如？'子曰：'可也，未若贫而乐，富而好礼者也。'"

83. 甘言厚礼：甜美的言辞，厚重的礼品。亦作"甘言厚币"。出自《三国志·魏志·公孙度传》："悉斩送弥晏等首。"裴松之注引《魏略》："臣前遣校尉宿舒、郎中令孙综，甘言厚礼，以诱吴贼。"

84. 各不为礼：礼：礼遇。彼此之间互不以礼相待，比喻各不相干。出自《元史·李术鲁翀传》："帝师释迦之徒，天下僧人师也；余孔子之徒，天下儒人师也，谓各不为礼。"

85. 恭而有礼：恭：恭敬；礼：礼节。恭敬又有礼节。出自《论语·颜渊》："君子敬而无失，与人恭而有礼。"

86. 家无常礼：指家人之间平居不必拘礼。出自明·吴承恩《西游记》第42回："行者道：'孩儿，家无常礼，不须拜。'"

87. 俭不中礼：指节省太过而不合于礼。出自《诗经·唐风·蟋蟀序》："《蟋蟀》，刺晋僖公也。俭不中礼，故作是诗以闵之。"

88. 践律蹈礼：指遵循礼法。出自《北齐书·文宣帝纪》："以王践律蹈礼，轨物苍生。"

89. 克己复礼：克：克制。儒家指约束自己，使每件事都归于"礼"。出自先秦·孔子《论语·颜渊》："克己复礼为仁。"

90. 慢腾斯礼：近义词：反义词：用法：解释：见"慢条斯理"。

91. 慢条丝礼：原指说话做事有条有理，不慌不忙。现也形容说话做事慢腾腾，不慌不忙。同"慢条斯理"。出自元·王实甫《西厢记》第三本第二折金圣叹批："写红娘从张生边来入闺中，慢条斯理，如在意如不在意。"

92. 慢条厮礼：解释：原指说话做事有条有理，不慌不忙。现也形容说话做事慢腾腾，不慌不忙。同"慢条斯理"。

93. 明媒正礼：犹言明媒正娶。出自《醒世姻缘传》第九回："老爷老奶奶明媒正礼与大爷娶的正头妻，上边见放着老爷老奶奶，谁敢休？"

94. 牵经引礼：援引经典。出自《北齐书·杜弼传》："高祖骂之曰：'眼看人瞋，乃复牵经引礼！'叱令出去。"

95. 轻薄无礼：指轻佻浮薄，不知礼节。出自明·叶宪祖《鸾鎞记》："那温庭筠这等轻薄无礼，小人也为着一事，丞相爷差去见他，倒被他呵叱了一场。"

96. 请客送礼：宴请客人，馈赠礼物。出自邓小平《军队整顿的任务》："有的部队请客送礼，修建楼堂馆所。"

97. 庆吊之礼：庆：贺喜；吊：唁丧。比喻人与人往来中贺喜、吊唁的礼节。出自《三国志·魏志·任城陈萧王传》："近且婚媾不通，兄弟乖绝，吉凶之问塞，庆吊之礼废，恩纪之违，甚于路人，隔阂之异，殊于胡越。"

98. 三茶六礼：犹言明媒正娶。旧指正式婚姻。出自明陈耀文《天中记》卷四四、《仪礼·士昏礼》。六礼，即婚姻据以成立的纳采、问名、纳吉、纳征、请期、亲迎六种仪式。

99. 通书达礼：指通诗书，懂礼仪。出自明·冯梦龙《喻世明言》第二卷："原来田氏是东村田贡元的女儿，倒

有十分颜色，又且通书达礼。"

100. 通文达礼：指有学问懂礼仪。出自清·荻岸山人《平山冷燕》第七回："况甥女虽系一小小村女，然读书识字，通文达礼，有才有德，不减古之列女……"

101. 同牢之礼：同牢：古代结婚仪式中新郎新娘同吃一份肉食，表示共同生活的开始。旧指结婚的礼仪。出自《礼记·昏义》："妇至，婿揖妇以入，共牢而食。"《汉书·王莽传》："莽亲迎于前殿两阶间，成同牢之礼于上西堂。"

102. 虚文浮礼：没有意义的，表面应酬的礼数。

103. 言之有礼：说的话很有礼貌，谈吐文雅。出自明·吴承恩《西游记》第四十八回："陈老道：'言之有礼。'"

104. 知书达礼：有知识，通事理。指人有文化教养。含义知、达：懂得。有文化，懂礼貌，形容有教养。出自元·无名氏《冯玉兰》第一折："只我这知书达礼当恭谨，怎肯着出乖露丑遭谈论。"

105. 知书识礼：同"知书达理"。出自晚清吴趼人《二十年目睹之怪现状》第九一回："媳妇虽不敢说知书识礼，然而'嫁鸡随鸡，嫁狗随狗'这句俗话，是从小听到大的。"

106. 知书通礼：有文化，懂礼仪。形容有教养。同"知书达礼"。出自明·施耐庵《水浒传》第一百十六回："看了柴进、燕青出言不俗，知书通礼，先自有八分欢喜。"

107. 知书知礼：有文化，懂礼仪。形容有教养。同"知书达礼"。出自明·高明《琵琶记·牛氏规奴》："更羡他知书知礼，是一个不趋跄的秀才。"

108. 知文达礼：有文化，懂礼仪。形容有教养。同"知书达礼"。出自清·张南庄《何典》第十回："你既这等知文达礼，晓得敬重我……便饶你性命。"

后　记

　　几千年的人类文明史证明，人们对文雅的仪风和悦人的仪态一直孜孜以求。而今，随着现代社会人际交往的日渐频繁，人们对个人的礼仪更是倍加关注。从表面看，个人礼仪仅仅涉及个人穿着打扮、举手投足之类无关宏旨的小节小事，但小节之处显精神，举止言谈见文化。个人礼仪，作为一种社会文化，不仅事及个人，而且事关全局。若置个人礼仪规范而不顾，自以为是，我行我素，必然授人以柄，小到影响个人的自身形象，大到足以影响社会组织乃至国家和民族的整体形象。

　　强调个人礼仪，倡导现代文明，旨在提高个人礼貌素养。强化公民的文明观念。

　　个人礼仪有五个基本特征：

　　一是以个人为支点。个人礼仪是对社会成员个人自身行动的种种规定，而不是对任何社会组织或其他群体行为的限定。但由于每个群体都是由一定数量的个体所组成的，每一个社会组织也都是由一定数量的组织成员所构成的。因此，个人行为的良好与否将直接影响着任一群体、社会组织乃至整个社会的生存与发展。从此意义看，

我们强调个人礼仪，规范个人行为，不仅是为了提高个人自身的内在涵养，更重要的是为了促进社会发展的有序与文明。

二是以修养为基础。个人礼仪不是简单的个人行为表现，而是个人的公共道德修养在社会活动中的体现，它反映的是一个人内在的品格与文化修养。若缺乏内在的修养，个人礼仪对个人行为的具体规定，也就不可能自觉遵守、自愿执行。只有"诚于中"方能"行于外"，因此个人礼仪必须以个人修养为基础。

三是以尊敬为原则。在社会活动中，讲究个人礼仪，自觉按个人礼仪的诸项规定行事，必须奉行尊敬他人的原则。"敬人者，人恒敬之"，只有尊敬别人，才能赢得别人对你的尊敬。在社会主义条件下，个人礼仪不仅体现了人与人之间的相互尊重和友好合作的新型关系，而且还可以避免或缓解某些不必要的个人或群体的冲突。

四是以美好为目标。遵循个人礼仪，尊重他人的原则，按照个人礼仪的文明礼貌标准行动，是为了更好地塑造个人的自身形象，更充分地展现个人的精神风貌。个人礼仪教会人们识别美丑，帮助人们明辨是非，引导人们走向文明，它能使个人形象日臻完美，使人们的生活日趋美好。因此，我们说，个人礼仪是以"美好"为目标的。

五是以长远为方针。个人礼仪的确会给人们以美好，给社会以文明，但所有这一切，都不可能立竿见影，也不是一日之功所能及的，必须经过个人长期不懈的努力和社会持续不断的发展，因此，对个人礼仪规范的掌握切不可急于求成，更不能有急功近利的思想。

个人礼仪是社会个体的生活行为规范与待人处世的准则，是个人仪表、仪容、言谈、举止、待人、接物等方面的个体规定，是个人道德品质、文化素养、教养良知等精神内涵的外在表现。其核心是尊重他人，与人友善，表里如一，内外一致。

我们今天所提倡的个人礼仪是一种文明行为标准，其在个人行为方面的具体规定，无一不带有社会主义精神文明高尚而诚挚的特点。讲究个人礼仪是社会成员之间相互尊重、彼此友好的表示，这也是一种德，是一个人的公共道德修养在社会活动中的体现。"行为心表，言为心声"是众所周知的，个人礼仪如果不以社会主义公德为基础，以个人品格修养、文化素养为基础，而只是在形式上下功夫，势必事与愿违。因为它无法从本质上表现出对他人的尊敬之心，友好之情，因而也就不可能真正地打动对方，感染对方，增进彼此间的友谊，融洽彼此间的关系。那些故作姿态，附庸风雅而内心不懂礼，不知礼的行为，或人前人后两副面孔的假文明、假斯文行径均属"金玉其外，败絮其中"者所为，众人将对此嗤之以鼻。"诚于中则形于外"，只有内心具备了高尚的道德情操，才能有风流儒雅的风度，只有有道德、有修养、有文化、有学识的人才能"知书达礼"，才能严于律己，宽以待人，自觉按社会公德行事，才能懂得尊重别人，就是等于尊重自己，懂得遵守并维护社会公德，就是为自己创造一个文明知礼、轻松愉快的生活环境的道理，才能真正成为明辨礼与非礼之界限的社会主义文明之人。

对个人来说，个人礼仪是文明行为的道德规范与标准，就国家而论，个人礼仪乃属一种社会文化，它是构成社会主义精神文明的基本要素，也是一个国家文化与传统的象征，更是一国治国教民的经典。素有"礼仪之邦"美誉的中国，从古至今一直就十分崇尚"礼"，也极为重视礼仪教化。历代君主、诸路圣贤均把礼仪视作是一切的准绳，认为一切应以礼为治，以礼为教。关于个人礼仪与社会文明的问题，我们的先人也有过不少的论述。如《论语·为政》中说："道之以政，齐王以刑，民免而无耻；道之以德，齐王以礼，有耻且格。"其大意为：用政权推行一种"道"，并用刑律惩处违"道"者，老百姓想的是如何逃避惩处而不看行为的对错和荣辱，用德来推行"道"，以礼教化人民，老百姓懂得对错、荣辱，并会自觉地遵守之。这十分清楚地说明了在古代，人们对个人礼仪所产生的社会效应就有了较为深刻的理解，《天子》中的"礼仪谦耻，国之四维"，更明白、直接地将"礼"列为立国四精神要素之首，也可见其突出的社会作用。无数事实证明了个人礼仪对一个社会的净化与美化起着积极的作用。个人礼仪所形成的一种具有较强约束力的道德力量，使每一位社会成员能够自觉按社会文明的要求，调整行为，唾弃陋习，最终将自己的言行纳入符合时代之礼的轨道，以顺应社会发展的潮流。可以说，个人礼仪从一个侧面也反映了一个社会的文明程度。

由此可见，个人礼仪不仅是衡量一个人道德水准高低和有无教养的尺度，而且也是衡量一个社会、一个国家文明程度的重要标志。